雖然是大人，
有時還是想躲起來

城閑喧——著

自序 PREFACE

寫給親愛的自己

親愛的阿城：

你好呀！

今天，我有一些話想對你說。

我真的已經討厭你很久很久了。你呀，是一個既懦弱又脆弱的人，總是一個人小心地躲在自己的世界裡，好像只有遠離人群才能獲得安全感。

過往的經歷造成了你很多性格缺陷，而這些缺陷最後都成了你的弱點。自卑的你，一旦事情做得不是很順利，就害怕得趕緊放棄，然後擺出一副「我根本沒認真對待，完全不在意」的樣子；敏感的你，在跟別人交流時，一旦聽到自己不懂的東西，或者意識到自己有不如別人的地方，就會開始替對方看不起自己；當遭到任何質疑或否定時，你會進入一種防禦狀態，把自己封閉起來，表現出一副「我根本不需要被別人認可」的冷漠孤僻的模樣，再透過主觀的方式建立自我認同感。

這個世界上存在許多虛假的東西，它們被你當作依靠，也讓你受到傷害。這些東西使你的希望一次次落空，最終令你的精神陷入病態的痛苦中。這個世界如此危險、可怕，好像稍有不慎就會使你陷入萬劫不復的境地。

你曾經一直在焦慮和痛苦中煎熬，在迷

茫中面對人生意義這樣的大問題時無力地伸出雙手——可悲、可笑又可憐。

那樣糟糕的你啊，真的讓我討厭了好久。你越脆弱，我就越想傷害你；你越逃避，我就越恨你，恨得牙癢癢；你越是表現出一副自以為是的樣子，我就越想把你拍扁。

不過呢，有一點你還是蠻厲害的，竟然能做到近乎孤立地存在著，一個人躲在自己的世界裡，什麼都不在乎。

一路走來，你似乎達到了一種「無欲則剛」的境界：不再怕自己有多糟糕，也不再憂慮自己是否虛度了光陰，更不再在意自己一身改不掉的臭毛病。你這樣堅持到底，就彷彿置之死地而後生，傷口雖然沒有癒合，卻無法再對你造成傷害。

終於，我也沒有辦法了，決定從此不再管你，不再注意你，將目光轉移到其他地方。可是沒想到，你的變化逐漸讓我感到驚喜。

有時，一個人的缺點是相對的，它可以反過來變成你的優點。比如，敏感並不一定是你的缺點，它還能是一種幫你準確地理解他人的優點。

我知道，真實的你不但有同理心，還很善良，願意幫助他人，即使在最痛苦的時候，也從沒有過任何傷害他人的念頭。你看起來很複雜，其實內心很單純。

你總是遠離人群和萬家燈火，獨自走過那些空曠又黑暗的地帶，與星辰為伴，一路向前。漸漸地，你發現黑暗裡藏著好多好多和你一樣的人，大家彼此疏遠，不敢靠近。於是你大聲地說：「大家不要怕！這裡我很熟悉，請跟我一起走吧！」

黑暗中的每個人，皆滿身傷痕，沒有什麼不同。因此，你們得以相互理解，並從對方身上看到了自己。

你在為他人療傷的過程中，間接地、充分地瞭解了自己。你很幸運，在黑暗中得到了許多許多的溫暖和愛，它們使你慢慢地開始相信自己，並試著填補內心自卑的黑洞。

你終於一點一點地好了起來，儘管生活還是在原地踏步，思考卻從未停止。你不斷學習，不斷探索一個個新問題。在許多人的支持和幫助下，你心中的那束光開始變得越來越亮，直到把身邊的人照亮，讓很多人不再像過去的你那樣，面對生活時茫然失措。

現在的你，我不再討厭了。

一個人要堅定自信地生活，至少要做到兩件事：一是不因缺乏安全感而依附於某個人，或病態地執著於某件事；二是不因自我厭惡而拒絕參與群體。

現在，我不得不承認，承認你不再懦弱。你學會了自尊自愛，學會了客觀理性地看待世界，不再為被你誤解的主觀唯心主義——精神至上的、狹隘的——所左右，而是主動地一步步去認識和理解現實世界，學會欣賞這個世界的「結構之美」。你開始重新對世界充滿孩子般的好奇與熱情，你想要學會攝影，然後帶著相機去旅行，去世界的每個地方探險。

現在，我終於看到你可以堅定自信地與人交流了。你不會再輕易地被人刺痛，弄得滿身傷口；在感到不舒服的時候，你能夠及時地表達出來；在「替別人懷疑自己」的時候，你能夠直截了當地詢問對方，並根據實際情況做出判斷，不再把意識世界裡的想像當作客觀現實。

看到現在的你，我有一種莫名的感動，感動於知識和經歷帶給人的強大力量。

我是那麼熟悉你、瞭解你，儘管曾經那麼討厭你，但現在，我開始有點喜歡你了。我清楚地知道你是一個多麼被動的人，沒想到有一天你竟然可以變得如此勇敢無畏，敢將自己與世界上美好的東西相比，自信地站在陽光下，昂首挺胸，勇敢地朝它們靠近。

你不再畏懼被人注視和瞭解，那些絢麗美好的東西不再令你自慚形穢。從此，你敢帶著這個不完美的自己去尋找心之所向，哪怕遇到再多的挑戰，都可以從容、積極地應對。

過往的種種痛苦煎熬，最後彷彿熬出了一片燦爛星河，它們接受一切，原諒一切，融於一切。

我多麼慶幸，一直沒有放棄；我多麼慶幸，曾經經歷過這一切；我多麼慶幸，我是你……

阿城，曾經的你，永遠都想不到自己會有這麼大的轉變吧。

我開始期待，期待看看你在探索世界的途中會不會被種種困難打倒，看看你有沒有自己想像中的那樣強大，看看你能不能像最初那個精力旺盛的小男孩一樣，能夠在摔倒時毫不猶豫地爬起來……

城閑喧

目錄 CONTENTS

自序 PREFACE 寫給親愛的自己 2

Part 1 有時就想躲起來

其實，你沒那麼討厭自己 16
推倒那堵看不見的牆 26
接納當下的自己 36
自卑的背後，可能是你對自己的道德美化 46
我們都是「格子」裡的人 54

孤獨的夢魘 62
疏離感 72

Part 2

停止你的災難化思考

迴避型人格是怎麼回事 82
如何擺脫討好型人格 92
如何走出社交恐懼 108
愧疚是最大的負能量 118
在這種時刻，請停止思考 130

目錄 CONTENTS

Part 3

別藏在黑暗裡喜歡一個人

有一種自信，源自被迫驕傲 138
不做愛情中的膽小鬼 148
從「感覺主導」到「現實主導」 156
如何走出缺愛的陰影 164
為什麼你總是輕易搞砸一段關係 178
其實主動並不難 186
「普卑男」的人生 194

Part 4

找回你的內在力量

最終你要靠自己的力量前行 204
如何獲得自我內外的和諧 210
比「擁有」更有力量的是「失去過」 220
接受自己，是堅定地支持自己去「犯錯」 226
不要與樂觀為敵 232
別讓傷人的過往困住自己 238

1
有時
就想躲起來……

我總是面無表情，
或者重複一種飽含嘲諷的冷笑。
聽到人們說著虛偽的客套話，
看到人們為了利益互相爭搶，我就忍不住笑。

我喜歡深夜，因為深夜路上沒有人，
就好像我一個人擁有整個世界。
坐在路上唱歌，
或者去湖邊餵魚，或者走到漆黑的山腳下，
抬頭看著星光發呆。
我就會覺得，
一個人的世界，還是蠻好的。

其實，
你沒那麼討厭自己

如果這個世界上有一個「比比誰最討厭自己」的比賽，那麼我相信，很多人會認為自己一定能得第一名。

我曾經極度自我厭惡，認為自己就是這個世界上最糟糕的人，連每一次呼吸都會使我因感受到自己的存在而痛苦。

那時候的我，覺得自己的人生就像一幅充滿失誤的畫作，已經無法變好，最後乾脆將全部顏料胡亂潑到紙上，恨不得把這幅畫作揉成一團丟進垃圾桶裡。

所以我非常理解那種一個人時時刻刻以自己為恥的感覺。

這樣的人不敢照鏡子看自己，更怕被別人看見，甚至來自他人的問候對他們來說都是一種折磨。在人群中，他們永遠都控制不住地想要「逃跑」，彷彿身在煉獄。

其實，這也沒什麼不好理解的，一個人最先面對的就是他自己，所以「討厭自己」是很多人都會有的一種心理。讓我們追根究底地想一想：這是為什麼呢？為什麼會這樣討厭自己呢？

一個人討厭自己的原因有很多：疾病帶來的「病恥感」；一個沒有得到父母足夠關愛的童年；因自己的過失引發的一段可怕、痛苦的遭遇；覺得自己不夠優秀，活在和他人的比較中；一直被否定、被打壓，從來沒有得到過誇獎和認同；由自身缺陷導致的自卑；被內疚糾纏，常常認為自己會帶給他人麻煩……總之，有太多太多的原因會讓我們討厭自己，甚至痛恨、傷害自己。

◆◆◆

一個自我厭惡的人在生活中有怎樣的表現？

一般來說，這樣的人會一直表現出「我不重要」的態度，一味謙讓，萬事以他人為先。他們的口頭禪是「我無所謂」、「怎樣都可以」。喜歡上一個人時，通常會選擇暗戀，因為怕對方的光芒反襯出自己的醜陋。他們害怕衝突，與人發生矛盾時總是選擇逃避，甚至會主動搞砸一切，然後告訴自己「我不配」。

事實上，會如此表現的真正原因是恐懼——不是因為討厭自己、自覺不配得到任何東西從而選擇謙讓，而是因為害怕與人競爭；不是因為討厭自己、自覺不配跟那麼美好的人在一起而選擇暗戀，而是因為害怕被人拒絕和否定。

一個人恐懼的事情越多，就越容易產生討厭自己的心理，使自己的痛苦增多。

所以，首先要明白，你不是真的那麼討厭自己，只是害怕被傷害，渴望自我保護。就像變色龍為了保護自己，會根據不同的環境變色一樣，你選擇變成一個濫好人——貶低自己、抬高他人，也是為了自我保護。

害怕被再次傷害，所以會過度地自我保護，然後再將自己的行為「合理化」，幫自己貼上標籤，認為自己就是某種類型的人。

◆◆◆

讀到這裡，你可能會覺得驚訝：「原來我只是懦弱呀！」

可是這「懦弱」嗎？我們是人，被刀子割了都會流血，受到傷害都會痛。而那種足以使一個人變得持續自卑和自我厭惡的傷害，會讓人顯得有些「懦弱」，這一點也不奇怪。

在現實面前，一個遭受過巨大創傷的人，就像一座不設防的城一樣，任何一點傷害都能暢通無阻地直達內心深處。如果面對一個有著悲慘遭遇的陌生人，你或許會對他表示同情和安慰，但因為這個人是自己，才使你覺得討厭。

一個人越是用力地攻擊自己，恰恰越是證明他不甘心。這種不甘心，是由於對自己具有過高的期待，而這最終成了一種執念，間接地增強了對自己的厭惡感。

如果說，是那些痛苦的經歷讓我們討厭自己，使我們顯得懦弱、自卑，那我們應該如何看待它們呢？

如果你對過往那些經歷置之不理，它們就會一直跟隨著你，將你困在痛苦中，即使你已經長大成人。

「都是因為那些經歷，我才會變成這樣的。」

「發生過那樣的事，我再也好不了了。」

很多人會一直抱著這樣的心態活著，他們將生活中的任何不順都歸因於痛苦的過去。

但過去是不能改變的，將所有不順都歸因於不可改變的過去，便意味著心靈無法繼續成長，永遠被那個「受傷的孩子」控制。

「我又沒有錯，我只是受害者，憑什麼要我承受這一切？」他們會發出這樣的疑問。

確實，為別人的錯誤買單毫無道理可言。但是這一切所產生的後果已無力挽回，全部刻在了我們的生命中。因此，即使錯不在自己，我們也要對這一切負責。

這也許聽起來很殘忍。對於那些給你製造痛苦的人，你可以不原諒他、不接受他，甚至你完全可以一直痛恨他，但你必須為自己負責。

如果你一生都因此自怨自艾，放任自己沉溺在痛苦的陰影裡，那不會證明你沒有錯，只是證明你已經成為他的支持者，繼續傳遞著那份「不幸」。

所以，你必須對自己負責。你要讓內心的孩子長大，讓你的人生與你真正討厭的部分徹底決裂，那才是對它最好的反擊。

◆◆◆

關鍵的問題是，我們要如何成長呢？

舉個例子，有一天你跟自己喜歡的人吵架了，這件事讓你脆弱的心靈受了傷，於是你下意識地開始逃避。此時，你會想：「我這樣糟糕的人，只會帶給別人煩惱和麻煩。我還是永遠一個人好了，不要再奢望擁有一份好的感情。」

這個例子說明，你會因為討厭自己而覺得離開對方是一件好事，這樣就「不會再繼續傷害對方，不會再繼續給別人添麻煩了」，是「為對方著想」。於是你選擇逃避，甚至故意搞砸這件事。可是因此引發的糟糕結果，使你變得更加討厭自己，更加敏感和自閉，更加害怕受到傷害，也讓心靈永遠在原地踏步。

從此以後，每一次可能使你走出傷痛的機會，每一個你喜歡的人，都被你以這種方式對待。甚至中年以後，那個「怕受傷的孩子」仍然在控制你（多恐怖）！

想要成長，你必須鼓起勇氣，勇敢地去面對自己的恐懼，主動表達自己心中所想。也許短期內仍然沒辦法處理好一份感情，但是透過與人更多的交往，你可以每次前進一小步。在下一段感情到來之前，就能變得成熟一點，最終把感情經營好。

只有真正來自現實生活的感受，才能填補我們內心的空缺。那些「過度補償」的心理，以及對虛構的完美形象不停地追趕，只會讓人在看似接近目標的徒勞中變得越發空虛和迷惘。

一個不喜歡自己的人，無論得到什麼都不會真正快樂。而成長，會讓一個人對自己的厭惡感慢慢減少，直至真正與心中那個受傷的小孩告別。

◆◆◆

我們大部分人的一生，都是隨波逐流的：遇到了好事就開心，遇到了壞事就煩惱；有了怎樣的感受就會有怎樣的行為，有了怎樣的行為就會養成怎樣的習慣……在這並不輕鬆的一生中，我們會在自己的心中打上很多結。這樣的結越多，就越容易被消耗，越容易情緒化，最後變得情緒混亂、迷失自我，甚至導致自我厭惡。

我們應該成長，應該站在更高的視角看待自己的人生，讓自己更加清醒。

當我們開始像分析陌生人一樣分析自己時，便會發現，討厭自己的每一個點，都能找到原因。當我們接受了討厭自己的合理性以後，那種當局者迷的主觀情緒便逐漸消失了。

我相信有一天，一個原本討厭自己的人，也可以發自內心地喜歡上自己。

推倒那堵看不見的牆

大學時，我有個同學住在隔壁寢室。他平時說話輕聲細語，鼻子上架著一副眼鏡，看起來斯斯文文的。

記得我們剛認識的時候，正流行玩電子遊戲，他說他從來沒玩過，對遊戲沒興趣，而且每當別人在玩的時候，他看幾眼就說：「這有什麼好玩的？」

可是過了不久，有一次我發現隔壁玩遊戲的人中多了一個人的聲音，那人正在吐槽隊友的技術差。這個聲音我很熟悉，但我不敢相信會是他。

為了一探究竟，我專門跑到隔壁寢室，發現真的是他！他玩得十分入迷。

事實上，我們對待生活的態度，有時候也像我這位同學對待遊戲的態度一樣，在沒投入進去之前會覺得沒意思、沒興趣，但等投入進去以後，我們就會不自覺地驚呼「真香」。

你之所以無法更深地投入生活，是因為在你與生活之間隔了一層障礙，這層障礙可能是由社會環境、成長經歷、個人性格等造成的。

當大家因為某件事笑成一團的時候，你也會附和他們一起笑，心裡卻在想：「他們在笑什麼？」當別人勸你嘗試新事物的時候，即便你沒有立刻表示拒絕，心裡也會產生疑問：「這有什麼意思？」

過去的我——社恐、孤僻，一直覺得一個人的時候最舒服，可是一個人獨處久了，便會產生一種莫名的疏離感。這種疏離感就像一堵牆一樣立在我和現實世界之間，以至於當我嘗試去投入生活的時候，會立刻覺得自己與這個世界格格不入。

◆◆◆

想遠離人群卻不得不參與其中，想要快樂卻無從獲得，想要找個支撐點卻發現腳下一片黑暗……一個人這樣生活久了，就會產生兩個疑問：活著是為了什麼？人生有什麼意義？

可能有些人會覺得，這樣的靈魂拷問很可笑，但對於陷在虛無狀態裡的人而言，這就是最迫切需要面對的問題。

一個無法與世界產生聯繫的人，看這個世界就像在看一部無法入戲的電影一樣，人們的喜怒哀樂他全都無法共通。

反過來說，他自己的世界也沒有一個觀眾和參與者，這就好似一個孤獨的詛咒，它讓一個人徹底孤獨下去，看不到、聽不到也感受不到周圍的一切。

我曾經非常認同自己選擇孤獨地活著，甚至準備好如此度過一生。但是現在我清楚地認識到，人類是社會性動物，世界需要我的參與，而我的世界也需要有人見證。

一個人可以特立獨行，但不能變得自閉。

◆◆◆

我一直記得，童年時常跟一群玩伴一起騎自行車、溜冰、在廢棄工廠裡玩槍戰遊戲……那些記憶那麼清晰，而且充滿歡樂，長大後再也不曾有過。雖然後來我也喜歡過一些新事物，但往往嘗試過後瞬間就會對其失去興趣。

小時候第一次學騎自行車，無數次摔倒後終於掌控了平衡，那感覺就像飛起來一樣。在一個長長的坡道上，我把自行車一次又一次地推上來、騎下去，樂此不疲。陽光、泥土、草的清香、同伴們的歡呼、耳邊呼呼吹著的風……至今想起，一切都是那麼清晰和真實。

後來在大學的游泳課上，我努力地學會了仰泳。在成功游起來的時候，我格外開心，看著透過頂棚的陽光，感覺自己好像浮在天空中。可是就在下一刻，我彷彿被什麼東西抽了一下，那種愉快感瞬間消失了。然後開始覺得很累、很無聊、很吵，我想：「我為什麼要在這裡游泳？沒人會在意我是否會游泳。」

之後，我彷彿對所有東西都失去了興趣，總是一個人躲起來發呆，成為別人眼中的怪人。

一個性格孤僻、有強烈疏離感的人，再配上一個總是在讀書和陷入沉思的形象，就會給人造成一種「此人已經看破紅塵」的假象。人們會覺得，這種人將人間的喜怒哀樂全都看作虛妄，視一切為膚淺和轉瞬即逝的，只有他對世界表現出的麻木，才是這個世界給人類最真實的回饋。

可事實並不是這樣的。他只是被自己錯誤的感受欺騙了，只要排除他與生活之間的障礙，就能重新感受到生活的美，讓自己不再沉溺在虛無之中，並而體會到存在的意義。

◆◆◆

二〇一七年，在我狀態最差的時候，機緣巧合之下我成了一名傾聽者。那時候我只想著能把自己「廢物利用」，現在回頭想想，這件事幫我把注意力從自己身上轉移到了他人身上，讓我得以與他人建立起緊密的聯繫，有了「被需要」的感覺，還獲得了許多正回饋。

雖然那時我以傾聽者的身分接收了許多來自別人的負能量，但正是這種以毒攻毒的方式，解決了我當時的問題。

我走了許多城市，面對面地傾聽了許多朋友過往的或美好或哀傷的故事。透過這趟旅程，我認識了許多非常好的人，還交了一些可以相互理解的朋友；我發現社交原來並沒有我想的那麼可怕，開始發自內心地跟身邊的人一起笑，心裡想著「此刻真好」。

我曾經一直無法理解那些活得很「誇張」的人，他們總是很誇張地讚美景色多麼漂亮、東西多麼好吃、路上的貓多麼可愛……而我覺得那樣很虛偽、很做作。後來當我理解了他們，並且也能夠像他們一樣，將目光完全集中在那些美好的事物上時，我覺得我和生活之間隔著的那堵牆消失了，我重新找到了童年時的那種愉悅感。

我意識到，我們的整個人生都是由無數個「此時此刻」的感受組成的。而我們當下所認識的人、遇到的事，都決定了我們有著怎樣的感受。

如果跟你相處的是一個虛偽、邪惡的人，你會覺得很累，很想躲開，連世界也會變得可怕起來；可是如果跟你相處的是一個真誠、善良的人，你會覺得很輕鬆，世界也將變得很美好。

從生活中長期獲得的感受，塑造了我們的觀念。而要改變我們的觀念，需要先從調整我們對外部世界的感受做起，要先找到擋在我們和生活之間的那堵牆，然後制訂計畫一步步將它推倒。

◆◆◆

為什麼要制訂計畫呢？因為如果我對過去那個社恐的自己說「你一定要去

社交，要多去各地走走，要多認識朋友……」，他一定不會去做。制訂計畫的精髓在於，不要把自己當成「自己」。

當你想讓自己做到某些事情的時候，就會有一個「我是由我自己控制的」心理預設。當事情到了該做的時候，這樣的心理預設往往會使人陷入「我可以做，只是暫時先不做」的拖延與自知為時已晚之後的自責漩渦中。

想要像改變其他人一樣改變自己，就要做到兩點：循序漸進地去實踐和不斷地獲得「正回饋」。循序漸進地去實踐是為了保證計畫可以被執行；不斷地獲得正回饋則是為了用現實客觀的感受一點點扭轉你的錯誤觀念。

比如早起這件事。很多人被鬧鐘叫醒以後，如果沒有特別緊急的事情，可能會繼續睡。因為當我們想讓自己起床時，我們感受到的是睏倦，且多數情況下，我們當下的感受強於自己的理性，所以選擇聽從自己的感受。要解決這個問題，可以提前在床邊放一杯水，每當被鬧鐘叫醒時，告訴自己喝完這杯水可以繼續睡。然而喝完水之後，我們對自己身體的感受變了，會覺得沒那麼睏了，自然也就想起床了。

透過執行計畫，一點點獲得了感受上的改變，也就一點點改變了對世界的看法，最終把你和世界之間的那堵牆推倒，重新感受到真實的世界。

接納當下的自己

好像每隔一段時間，我就會有一種想要消失的強烈感覺。這並不是一種悲觀的想法，只是階段性地對孤獨的渴望，想要與一切劃清界線，躲到一切視線之外。

「認真投入世界中是一件非常危險的事情。」這個聲音不斷在我腦中迴響。

對於自己病態的部分，我自問已經瞭解得相當透徹了，我知道自己哪些想法源於哪些經歷，知道自己面對怎樣的事情會有怎樣的行為……有時候我觀察自己，就像觀察一部小說中的人物。但即使如此，在面對真實的感受時，我還是會一次次選擇後退。

這些年我懂得了一個很重要的道理：有時候不要太為難自己。在清楚了很多事情發展的過程和必然性後，我相當任性地選擇了無比輕鬆的生活——暫時不去工作，每天除了健身就是看書、看電影，或者坐在凳子上看著窗外的天空發呆……不再被愧疚和焦慮纏繞，並且深信這就是我的福氣。

我真的覺得一個人生活很平靜，很舒服，好像這樣活多久都不會膩，也並不需要更多東西。我知道未來我會改變，但是在改變到來之前，我和世界之間，彼此只需要一點點就夠了。此刻，我感到無比輕鬆和幸福。

◆◆◆

過去我曾幫助過一些人解決他們的問題。在獲得許多經驗和感悟之後，有段時間，我有過短暫的「全知全能感」，我認為我已經可以輕易地讓自己變得更好，可以參與世界，把生活過得很精彩。

但是到了做選擇的時候，我突然意識到，很多東西不是我懂了、做了，就可以完全改變了。我清楚自己身上的弱點，瞭解自己身上病態的部分，也明白怎樣做可以改變它們。但我忽略了一點：它們也是我的一部分。

如果只是按照簡單的「對錯」、「好壞」來塑造自己，就真的會得到一個滿意的自己嗎？那些多年來作為我自身一部分的弱點，即使讓我在某些地方有所不足，我也不能否認它們對我的意義啊。正是因為有過它們，我才得以成為現在的我，才能夠懂得更多人，才能夠將它們寫下來。

所以，我會允許自己悲觀，允許自己在想逃的時候選擇一個人這樣生

活，允許並且認可自己跟別人不一樣……就像對待一個我很喜歡的人一樣。

我曾告誡自己，有許多悲觀的朋友關注著我，我要保持一個樂觀自信的形象，寫出對他們有幫助的文章。所以當我自己後退或逃避，主動選擇悲觀時，我變得越來越抗拒寫作了，因為我怕自己的悲觀會帶給他人不好的影響。

但現在我意識到，重要的不是悲觀或樂觀，而是真實，只要是真實的，對於當下的自己而言就是正確的。

許多問題正是源於主觀想法和身體客觀感受之間的矛盾。我們被灌輸了許多「應該」和「不應該」，以至於我們習慣於否認、壓抑、自責、逞強、愧疚……它們形成一道道障礙，最終把問題複雜化。

◆◆◆

如果說身體是自己的工具，我們就要正確地使用它。所以我不要求自己「應該」積極樂觀，而要遵從當下，表達自己內心真實的感受。我相信它們即使是悲觀的，也是有意義的。

任何人都不可能在人生前進的路上永遠毫無疑惑，只要時時承認並接受自己當下的疑惑，便是在不斷地前進。搞清楚事情的原因，再將它們合理化，就會移除路上的障礙。所以不管是悲觀還是樂觀，都要真實記錄自己的內心，承認身體當下的感受。**我們正是因為無從放鬆自己，所以才要適時地逃避這個世界的喧囂。請心安理得地把這些時間當成自己的福氣，而不要有負罪感。**

當我走在人群中時，我看到神態各異的行人，他們有的形單影隻，有的三五成群，有的親切地交談並爽朗地大笑。我知道他們都是熱愛生活的人，我想有一天我也一定能夠成為他們之中的一個。

但在此之前，我只想從中暫時逃離，我會告訴自己：慢一點，沒關係的，人生和世界都沒有那麼緊迫。想想過去的年代，車馬慢，愛情慢，用一整天寫一首詩，用一整年去尋一處風景。

所以不必急，人生很長，拿出一段時間來調整和休息，你支付得起。

我們不是為了體驗痛苦才來到這個世界的，痛苦的意義是說明我們從錯誤的生活和思考方式中冷靜下來，獲得成長，最終可以使我們更清醒、理智地去經營和創造我們的生活。

◆◆◆

最近，有個朋友跟我說，他過往的二十多年好像一直都在填坑，時間都浪費在了修補自己上。當他終於成長到該做些大事時，他卻發現身邊那些卓越的人早就走得很遠了，這讓他產生了一種嚴重的挫敗感。

我是這麼回答他的：**「當你傷痕累累地站在別人的起點上時，你就已經**

非常卓越了。」

人生中最可貴的不是你站得多高，擁有了多少東西，而是你曾放棄過多少東西，能從怎樣的痛苦中走出來。

強者之強，不在於內心的堅硬，而在於內心的柔韌。讓他們變強的，不是他們能勇敢地與對手硬碰硬，而是他們能在一次次毀滅性的打擊下振作起來。

你可能在一生中虛度過很多時光，留下過無數的遺憾。你可能沒有考上自己理想的學校，沒有獲得一份像樣的工作；你可能會讓父母操心，沒有成為一個讓他們自豪的小孩……當我們回憶人生中的每一步時，似乎當時都可以有更好的表現或更好的選擇，似乎只要能夠重來的話，一切就都會不一樣。

但親愛的朋友，事情不是這樣的。在你的世界裡，你已經做得很好了，甚至已經做到最好了。在同樣的環境下，換了任何人都不會比你做得更好。**那些所謂的「浪費」和「虛度」全部都是有原因、有意義的，沒有人可以毫髮無**

損地度過一生，跌跌撞撞的經歷會讓人更加強大。

所以，相信我，你已經做得非常好了。

很多時候，暫時的放棄反而是另一種堅強，因為這代表著，你可以用更理性和有效的方式，更長遠的眼光來面對自己的人生。

我們生在哪裡、擁有怎樣的家庭、會不會生病等，都不是我們自己能決定的。所以單純地拿「結果」去跟他人做比較，是毫無道理的，不必著急。

◆◆◆

一個人的財富可能會離他而去，但是一個人過往的經歷會一直陪伴著他。那些經歷教會他在這個緊迫的世界之外觀察自己的人生；教會他如何快樂並有意義地生活，並且懂得「慢」就是「快」。

如果你曾因為某些煩惱的事情耗費了很多時間，那麼不要因此而責怪自己虛度了人生。因為對生命的長度而言，你只是提前用了一些時間，去處理後面的問題。那些看似無用的思索與停滯，就像在夜空中點亮了一顆顆小星星，終將照亮你未來的路。

自卑的背後，可能是你對自己的道德美化

我觀察過許多自卑的人，包括我自己，從中發現了一個現象：許多人一旦開始變得自卑，就走上了對自己的道德美化之路。

這種道德美化讓人變得無比謙和、無私，容易對他人抱有強烈的同情心和同理心。同時，自卑所附帶的敏銳的感知力，讓他們能夠更深刻地理解痛苦，對他人乃至世界抱有一種不可名狀的歉意。

「無論如何都不可以麻煩別人」、「讓給他們就好了，我不配擁有」、「大家好就可以了，我怎麼樣都沒關係的」這類想法的本質，其實是一種自我的道德美化。許多人可能會疑惑：我明明非常自卑，價值感非常

低，哪來什麼自我道德美化？事實上，正是因為我們嚴重地缺乏價值感，所以才要從對自己的道德美化中獲得自我認同。

◆◆◆

我做過許多這樣的事情，比如把機會讓給別人，想要的東西被送到眼前卻親手推開，滿足別人而使自己遭受損失……

做這些事情的時候，我以為我是抱著一種自卑的心態。但是許多年後，我逐漸意識到，之所以這樣做，並不是因為我是一個多麼無私、道德高尚的人，也不只是因為自卑，而是因為透過這樣的方式，我可以獲得極大的自我認同感。

心裡想著「我不配擁有」，但潛意識裡迴響的是另一個你假裝聽不到的、讓你感到滿足的聲音：「我是個有著美好心靈的人。」

這就是許多人無法掙脫自卑的原因。表面上因為自卑錯失機會、遭受損失，但是在這個過程中，獲得了自我認同的滿足感。

◆◆◆

「道德」有時是一個有著美好裝飾的陷阱，把你跟自卑緊緊地捆綁在一起。

比如我，這麼多年來，我在這個陷阱中得到了什麼呢？不斷地謙讓使我不斷貶低自己的價值，逐漸認為自己不配擁有任何東西；不斷地犧牲自己的利益給我一種「選擇最差結果」的心理暗示……

那種建立在道德上的自我認同，在現代社會裡相當脆弱，一旦崩塌，迎來的就是無窮無盡的自我否定。人們為了獲得自我認同所表現出的道德，總是伴隨一種優於「庸俗的競爭」的錯覺，讓人不求上進，且無自知之明。

最可怕的一點是，當你開始執迷於道德美化時，會同時開始鄙視和敵視自己的欲望，逐漸認為滿足自己的任何欲望都是可恥的。欲望被壓抑對一個人的影響是致命的，長期壓抑欲望會讓人真的失去欲望，而使生活變得沒有動力，一切索然無味，毫無快樂可言。

◆◆◆

我媽說我有個習慣，就是每次問我要不要什麼東西的時候，我如果不想要，就會說：「我不要。」我如果想要，就會不說話，這樣她就知道我的想法了。

回憶過往，我驚訝地發現，我幾乎從來沒有說過「我想要」。時至今日，我竟然從來沒有為自己去爭取過什麼，對什麼東西感興趣也要故意表現出無所謂的樣子，喜歡一個人或被人喜歡時都會遠遠躲開，從不麻煩別人……。

一個人自以為是地去追求什麼「精神滿足」，事實卻是因為孤僻和懦弱而害怕失敗、害怕與人競爭。但是強烈的自尊心又要求自己不可以輸給任何人，所以選擇了另一條路——學會「不在乎」。

畢竟，和與人相爭、被人拒絕和否定帶來的不堪，或失敗帶來的痛苦相比，降低期望和壓抑欲望是最簡單的減少傷害的方法了。因此，這樣的人就會變得無欲無求——我不和你們接觸，不跟你們競爭；我清高，我超然物外，我在我的精神世界裡驕傲地對外界不屑一顧。

然而，這一切都不過是在自卑的窘境下被迫做出的選擇。因為覺得自己不夠好，所以對自己苛刻，用聖人的標準嚴格要求自己。在道德美化的作用下，人永遠無法掙脫自卑的心理，只會不斷退縮，自我壓抑，永遠不敢邁出自信的一步。

◆◆◆

我們若是在精神自滿的假象中理所當然地接受懦弱，就會不顧自己去滿足別人，就會永遠覺得對渴望的東西只是看看就好，就會一直一無所有地躲在自己的角落裡。

可是親愛的朋友，你不能畏懼幸福啊！對自卑的人來說，最需要做的就是承認自己的欲望，說出「我想要」三個字。你要走出自卑，就必須承認你應有的欲望，合理地釋放你的欲望，然後滿足你的欲望。你喜歡什麼的時候，就別再只是態度上百般地表現你的喜歡，行動上卻永遠期望和等待別人拿給你了，你要學會勇敢地主動爭取。

別再敵視你的欲望了，無論是錢，是愛，都不必感到羞恥。

別再說自己不配了，只要你敢，只要你變得更好一點，你便值得。

有想要的東西就要想辦法得到，有喜歡的人就要主動靠近，有想要做的事情就要努力去做……你要敢去改變自己，去專注在這個世界最美好的東西上。然後你才能知道，自卑只是一個龐大的影子，為喜歡的事努力原來是一件幸福的事情。

最重要的是，無論結果如何，至少你經歷過。這樣你才不會後悔——後悔沒參與過這個真實的世界。

我們都是「格子」裡的人

我曾幫助過一個患了嚴重憂鬱症的女孩，那時候她非常不想去學校，可她爸爸不斷地逼著她去。我不知道她在學校經歷了什麼，只是感覺她每一天都過得非常痛苦。由於我們只是透過網路溝通，當時的我能做的僅僅是傾聽和給予一些心理上的支援。

但是突然有一天，她傳訊息告訴我，她撐不下去了，已經決定放棄，並且準備了很多藥，打算等等就吃掉。我嚇壞了，不停地打字，傳訊息勸她；而她只是說要我別管她，她真的撐不下去了。

她非常堅定，我試了很多種辦法都毫無效果。情急之下，我打通了人生中第一個一一〇報警電話。可是因為我沒有任何她的具體資訊，派出所根本沒辦法出警。

接著，我打通了她所在城市的報警電話，一一〇的接線員又問我具體的區域，具體的位置，姓名、電話、身分證字號……而我對此一無所知。正當我感到絕望的時候，她的態度突然軟了下來，問我應該怎麼辦。我大喜過望，趁機要來了她的全部資訊，再次報了警。

後來，我做了一個「傾聽計畫」，恰好到了她所在的城市，最終我們見面了。她笑著對我說，那天如果再晚一點，她可能就不在了，感謝我的「救命之恩」。然後她帶我逛了她家附近的公園，帶我去吃了當地的美食。

一路上，她總是蹦蹦跳跳的，臉上帶著笑容，跟我說她這段時間的變化。從那件事之後，她下定決心改變自己，於是搬到了現在的地方，並且找了份工作。她跟我說了她過去的經歷，她喜歡和討厭的人……

總之，跟過去相比，她就像換了個人似的。我感到一種由內到外的喜悅，由衷地為她高興。

◆◆◆

曾經有一個心理實驗，內容是讓一個非常內向的男生連續幾次參加面試，而在等待面試的過程中，實驗人員安排幾個女生跟他聊天，並且要女生們對他說的每句話都表現得很感興趣。

幾次「面試」過後，男生變得開朗外向，跟人侃侃而談。這時候大家告訴他，這一切只是實驗，那些女生並非真的對他感興趣。不過即便知道了真相，男生也沒有變回從前的內向。

這個世界很大，但是我們的生活圈子很小。我們都像是活在「格子」裡的人，並把這小小的格子當成整個世界。

一個在幼稚園工作的人，會變得像孩子一樣天真可愛，並認為世界是美好而熱鬧的；一個在生意場上見慣了爾虞我詐的人，會變得異常精明敏銳；一個習慣了孤獨自閉的人，會很容易變得悲觀厭世……

一些人、一些事、一些經歷，決定了我們身處的小小格子的底色。如果格子裡是灰暗的，我們就會覺得整個世界都是灰暗的，並因此對世界產生絕望感。但是如果能把「灰暗格子」裡的人換到「光明格子」裡體驗一段時間，可能就會好起來，就像上面那個實驗裡的男生一樣。

一個原本心理健康的人，如果生活在一個充滿負能量的格子裡，就會慢慢被憂鬱的情緒淹沒，直至心理崩潰。

想像一下，如果你每天都被逼著去做自己不願意做的事情；每天都接受大量來自外界的否定；每天都被告知背負許多東西，要努力「還債」，不能對不起許多人……即使是一個心理健康的人，也會很快變得對生活絕望。

所以，當你感到絕望時，你要意識到，使你絕望的只是你暫時身處的「灰暗格子」，而不是整個世界。

◆◆◆

很多人有個壞習慣，就是喜歡將所有的事情合理化解釋。

比如，因為自卑而害怕與人競爭時，他們就會告訴自己：「我品德高尚，能謙讓他人。」或者對自己說：「我清高超然，不屑與世俗之人計較。」這樣做會讓他們忘掉自己的懦弱，坦然接受結果。

被父母忽視和冷落時，就會告訴自己：「父母這樣做都是因為我不好，是我太差勁，不值得被愛。」他們之所以這樣做，是因為心底仍然希望父母是「好的」。

與人產生分歧時，就會下意識地在自己身上找原因，認為一定是自己身上的某些問題觸發了這樣的結果。

他們面對任何事情，總是需要一個解釋，哪怕是一個錯誤的解釋，只要能夠將問題合理化。於是，生活被無數謊言勉強支撐著，搖搖欲墜。即使一路走到崩潰，也不願意面對真相。

雖然合理化解釋賦予了他們一種韌性和強大的適應力，讓他們能在無比惡劣的環境中走得更久更遠，但也正是它將他們束縛在痛苦中，使他們努力維持現狀，失去了跳出格子的可能。

◆◆◆

有個人用了很長一段時間做一件事情，結果這件事情失敗了，令他陷入強烈的痛苦中。接著，他遇到了一個十分喜歡的人，與對方共墜愛河，他又沉浸於強烈的快樂中。後來，他失戀了，再次陷入強烈的痛苦中，可他又找到了更崇高的理想，並投身其中為之努力，重新獲得了內心的喜悅。

大多時候，人就是這樣被命運左右著，在自己小小的格子裡笑著、哭著。只有洶湧強烈的痛苦，才能激發一個人直面真相的勇氣，才能使他從舊有的格子裡走出來，看到更加廣闊、真實的世界。

這個世界並不是只有你身邊的幾個人、幾件事和你的幾場經歷。你可以遇見更多的人，可以有更多的生活方式，經歷更多的事情。

在充滿絕望的格子之外，這世界有著每個人最合適的位置。

孤獨的夢魘

小時候有段時間，我身體弱極了，經常夢魘，多的時候一夜三四次。一開始我比較害怕，後來因為習慣了，就完全不在乎了，甚至還當成一種遊戲。我會刻意在第一次驚醒後仍然疲倦的狀態下入睡，這樣很大可能體驗到第二次夢魘。那種頭腦清醒著、身體卻失去控制的感覺，很有趣。後來我的體質好了起來，許多年我都沒有再出現夢魘。

直到最近，我做了一個很熱鬧的夢，夢中我回到童年，跟朋友們一起玩耍、一起逛街買好吃的，然後去朋友家打遊戲。和朋友們結束愉快的活動之後，我回到家裡，忽然沒有預兆地摔倒在床上，身體失去控制。

在毫無防備之下，夢中更小些的我完全陷入了恐懼，我把這解釋成忽然降臨的病魔即將剝奪我的生命。我拚命地掙扎，使出全部力氣翻滾身體，努力呼救，但口中只能發出嬰兒般尖細的聲音。我能感知到家人就在門外走動，於是拚命地製造聲音，希望引起他們的注意。我在夢裡用盡力氣拍打胸口，敲打床頭的牆，卻只能發出微小的聲音。

我想盡各種辦法都無法引起家人的注意，以致我確信自己就要死去了。就在那一刻，我醒了，馬上恢復了對身體的控制權。

我並沒有劫後餘生般的慶幸感，反而開

始惱怒：我怎麼會被多年前就熟悉的夢魘遊戲鬧得狼狽不堪，醜態盡出？這麼多年後，它終於又騙了我一次，那種被死亡籠罩的真實感讓我全身發涼。

我陪伴過一些人走向死亡，也跟一些陷入死亡恐懼的人深聊過死亡。時至今日，我以為自己可以對這個話題保持清醒和平靜。但是在這場假死的夢魘中，我是如此弱小和膽怯，忽然失去對身體的控制感以及求生的本能，讓我如此醜陋地掙扎與呼救。

◆◆◆

許多年前的我，在現實中也曾有過朋友，我也可以和他們一起開心地玩耍。夢裡的每個細節都是那麼真實，真實到我好像可以忘記現實，暫時回到那個年紀。對每一個夥伴，我是那樣安心地信任著，沒有任何成年人的計較與考慮。那是一種時間倒退、一切可以重新開始的感覺。彷彿我可以像個普通人一樣生活——回到學生時代，不再拒絕友情與愛情，融入群體生活中，輕鬆地大笑。這些畫面就像栩栩如生的海市蜃樓一樣，讓我迷戀不已。

所以，對人生從不曾認真努力過的我，在意識到將失去這一切時，才會那樣恐懼，那樣拚命地去掙扎，去祈禱，去渴望有人能來救我。

清醒以後，我並沒有劫後餘生的慶幸感，因為得知真相以後，我對死亡的恐懼感已如潮水般退去。

現實就是如此。我的大部分人生是如此空曠寂寥，沒有什麼人走進來，也沒有什麼故事，有的只是時時伴隨我的清醒感，有的只是像看擺在眼前的電視一樣的「觀眾感」。即便我努力地去面對那些極端的黑暗面，努力地對那些需要幫助的人投入感情和精力，也只能讓情緒暫時性地波動。長期身為傾聽者的我，卻幾乎沒有向任何人傾訴過。

曾經，我的人生從不對現實世界開放，我沒有參與感，也難以在這個世界裡找到歸屬感。即便是曾經無限憧憬的愛情，更多的也是一種無關現實的單方面幻想。簡單地活著始終是我人生裡的首要主題。

回憶人生裡出現過的重要的人，他們無一例外，全部被我主動辜負過，然後徹底離開了我。雖然如今我已經能彌補自身大部分的缺陷，但某些缺陷彷彿永遠都無法被補足。

一個人要見識過孤獨的真正面目，才能逐漸意識到對群體失去歸屬感意味著什麼，那意味著在人生這場遊戲裡，他將無法收穫任何值得開心和留戀的東西。即便最終被求生欲驅使著掙扎，也會發現這掙扎毫無意義，因為翻遍了各種聯繫方式，竟然找不出一個人來救自己。

◆◆◆

事實上，我過往的生活中有過許多這樣的時刻：整個人沉浸在某種情緒中，深信著自己會永遠孤獨下去，永遠不會得到快樂。但是在走過人生最低谷的時期以後，我已經擁有了與自己辯論的能力，我變得格外清醒，用最基本的邏輯關係更正了這個想法。

「是的，你認為自己是一個異類，是個不能被人理解的怪胎。可是當你寫下這些話的時候，不是清楚地表達著想要被人理解的渴望嗎？世界這麼大，未必沒有像你一樣奇怪的人，與其這樣自怨自憐，不如去認識更多的人，增加交到朋友的機會。」

那一刻，我彷彿聽到了鑰匙打開鎖頭時的「啪嗒」聲。

我多次放棄眼前的機會，放棄與人競爭，拒絕人們的感情，壓抑對任何事情的欲望……我清楚地看到，自己在每一次面臨選擇的時候，都會掉進某種混亂的狀態中，然後放棄自己的決定權。

孤僻與自卑營造出了一種宿命感，這種宿命感像另一種夢魘一樣剝奪了我對思考的控制權，讓我深信，我就只能這樣了——永遠孤僻，永遠得不到理解，永遠是個異類。所以我永遠拒絕，永遠退縮，永遠懦弱。

◆◆◆

其實真相很簡單。

因為自卑，所以害怕拒絕和失敗，所以會退縮。因為退縮，所以自我厭惡。因為自我厭惡，所以要為精神尋找額外的支撐點，比如追求高尚的品德，講究小眾的愛好，或者熱衷於所謂的美學意境、人生意義。

這樣長期孤僻，長期尋求群體外的歸屬感，就會營造出一種根深蒂固的宿命感。

這種宿命感會時刻提醒你：「不要去嘗試，後果會很可怕」、「你就只能這樣了，千萬別去奢望」、「你就是個異類，好好把自己藏起來吧」……然後你會被徹底蠱惑。

為了對抗懦弱、逃避帶來的後遺症，你會選擇「化被動為主動」和「不同尋常」兩個辦法來自我美化。每次你有退縮行為的時候，也是你最討厭自己的時候，因為你必須給自己更多的認同感。

你會不停告訴自己：「我退縮是因為我不在意，不屑於與他們競爭。我追求的跟他們不一樣，所以我主動退出而已。」

因此，自厭反而會讓你更加驕傲和認同自己。這也是許多人驕傲和自卑、自戀與自厭會同時存在的原因。

◆◆◆

人類歷史上，有過許多性格孤僻而成就極高的人。因此，很多人讚揚孤獨，並因孤獨而感到驕傲。比如廣泛傳播的那句「要麼孤獨，要麼庸俗」，就將孤獨放到了庸俗的對立面。

然而，大師的孤獨是主動選擇的孤獨，是為了在完成自我追求的過程中省下不必要浪費的時間和精力；而另一些人的孤獨，則是被動選擇的孤獨。前者信念堅定，而後者總是在「世界與自我」、「理想與現實」之間來回搖擺——一段時間自我厭惡，一段時間自我認同。心中的矛盾越疊越高，很可能隨時會迎來一次恐怖的精神崩塌。

當你無法承受現實打擊的時候，一直以來營造的自我認同感就會變成徹底的否定。

最終你不得不承認，一直以來的堅持，追求的品德，追求的意境，追求的孤獨和異於常人……只是你逃避現實的庇護所，都是假的。那種打擊是毀滅性的，很可能會讓人精神崩潰或者心理扭曲。

希望那些曾經跟我走在「同一條路上」的人別再自怨自憐了，與獲得認同感相比，「不斷改變」才是更好的生命體驗。

以前的我說：「只希望誰也別認識我，讓我一個人躲在一個小地方孤獨終老。」

而現在的我會說：「和你們在一起真好。」

疏離感

曾有人對我說過，疏離感是他保護自己的手段。每次在現實世界裡受傷時，這種疏離感就會發揮作用，讓他得以後退，暫時跟世界保持距離。

還有人對我說過，疏離感讓他痛不欲生，好像使他變得對所有的事情永遠都冷眼旁觀。他即使努力地參與其中，仍然只是一個無法真心投入的機器人，只能僵硬地模仿著別人的行為。

那些擁有疏離感的人好像都是這樣，永遠跟世界保持著一線距離。任何容易讓人沉迷和上癮的東西，都會讓他們感到恐懼。因此，他們同樣畏懼一段長期的關係，或者一份長期的工作。

這種疏離感讓人變得非常堅強，因為無論遇到多麼痛苦的事情，只要退縮一下就好了，就都無所謂了。但這種疏離感也讓人變得很懦弱，懦弱到連幸福的事情都怕。他們會不斷地告訴自己，不要得意忘形地大笑，因為「如果不曾見過太陽，你本可忍受黑暗」。

◆◆◆

一個人如果從小得到過父母足夠的疼愛和支持，能夠不斷做好自己喜歡的事情，就會變得積極自信。他如果能得到一些同理心的教育，就會善於與人建立親密關係，與他人融洽相處。

一個人如果在被忽視、被否定的環境下長大，就會變得自卑、懦弱。他會被迫把注意力全部放在自己身上，因此逐漸變得「奇怪」，成為群體中的異類。他沒體驗過人和人之間健康的關係，所以在與人相處時會把一切搞得一團糟，慢慢與群體形成敵對關係，並為了自我支撐去發展一些特殊的興趣愛好。

如何形容這種疏離感呢？當你站在人群中時，你覺得自己是另一種生物。當你的目光掃過人群後，覺得沒有一個人會理解你、在乎你、站在你的身邊。當你快要跟人建立一段關係時，那種令人渾身發抖、身處黑暗一般的恐懼感就會襲來。

◆◆◆

我曾將這種疏離感當作自己與眾不同的證明。那時候的我，會一次次地逃跑，逃離學校和家長的管束，跑到離我家不遠的城鎮，或者跑到山下的老家，住上十天半個月。

我需要不停地「重置」，讓自己一次次恢復空白。我需要始終習慣孤獨，孤獨是我賴以生存的水和空氣。

那時候的我愛讀太宰治、叔本華的書，整日思考人生的意義。我常常在大雪天一個人坐在山頂，看著山下的樓群、行人和車流，覺得那些認真生活並且沉浸其中的人們都挺可笑的。

「一切都是毫無意義的，人類不過是客觀世界發展過程中的『意外』，並不為任何『意義』而存在。」那時候的我是這樣想的。

後來我嘗試過與一些人建立關係，但是在那些關係中永遠都隔著一層什麼東西。我學著別人的方式說話做事，露出合適的表情，沒有自己的喜怒哀樂。

對那時候的我而言，任何能夠表露出真實情緒的動作或者語言，都會讓我感到無比尷尬和不適。所以我會把自己想要表達的東西修飾再修飾，然後以一種幾乎不被人理解的方式表達出來。

我由最初的不被人理解，慢慢想要成為一個異類，到慢慢認為「只有跟所有人都不一樣，我才能感受到安全」。

我對一切都不屑一顧，因為我的身上散發著一種虛無感，它讓我看到這世界多麼無趣。即使所有的願望都能夠實現，我也沒有什麼想要的東西。

我總是面無表情，或者重複一種飽含嘲諷的冷笑。聽到人們說著虛偽的客套話，看到人們為了利益互相爭搶，我就忍不住笑。

我喜歡深夜，因為深夜路上沒有人，就好像我一個人擁有整個世界。坐在路上唱歌，或者去湖邊餵魚，或者走到漆黑的山腳下，抬頭看著星光發呆。那時候我就會覺得，一個人的世界，還是蠻好的。

那時候我寫道：「一個人之所以強大，是因為沒有什麼東西會成為他的必需品。」如果有，那就是對孤獨的需要吧。

◆◆◆

我曾無數次地想過，一個像我這樣的人，大概會孤獨終老，一個人在山下的老家安安靜靜地過完一生吧。後來，我被現實世界推著往前走，直到我的精神世界崩塌。這一次我的疏離感沒能救得了我，畢竟我活在這個現實的世界裡，無處可逃。

之後，我被現實逼著成長起來。現實的痛苦越多，我的成長就越快。我就像一部小說裡有過奇遇的主角一樣，在短短兩年時間裡發生了翻天覆地的變化——我變成了一個成熟、完整的人。

在那些成長的日子裡，我透過幫助他人和自我分析，形成了一套完整的思考模式，它讓我得以應對很多問題。我擁有了一種近乎變態般的情緒處理能力，在面對很多事情時，都能使自己迅速冷靜下來，然後以積極的態度去處理問題。

我變得非常瞭解人性，因為見過和處理過太多人的問題。我記住了太多人的人生，這讓我對人類和自己的人生擁有了一種「知天命」般的透視感。

我開始去補償自己，補足我空缺的過去。我去見很多人，看很多風景，做更多的事。

我去朋友家做客，當我跟他們一起坐在沙發上打遊戲的時候，我感到被真實的生活氣息包圍。那種感覺，非常幸福。

當我以一種成熟的姿態重新參與世界時，一切都比我想像中順利，我可以不斷地處理好事情，處理好一份關係，然後獲得正回饋。

◆◆◆

但「沒有問題」，好像成了新的問題。當我知道了所有正確答案，並能夠付諸實踐以後，我好像失去了真正的自己。我的強大給予我一種「無所畏懼」的感覺，而這種感覺則帶給我另一種疏離感。我開始珍惜我的所有情緒，包括負面情緒。

曾經的我非常冷漠，永遠都不會為任何事情流淚，因為將「虛無」設定為信條的我，會把代表「多愁善感」的流淚當成一種恥辱的行為。而現在的我，開始珍惜我的情緒。當我感到傷心並想要流淚時，我會非常努力地讓淚水湧出來，讓感情表現出來。

越是瞭解這個世界的複雜之處，就越會變得簡單真實。不再畏懼真實純粹的自己被看到，也不再害怕他人的任何看法。

在這個充滿疏離感的世界裡，願你能夠按照自己的意願努力前行。別怕不被人理解，別怕痛苦，因為有一天，你可能連痛苦都會珍惜。

Part 2

停止你的災難化思考

身處「主角位置」的孩子
會被一種全能的自戀感包圍。
他們會認為自己是全能的主角，
所有人都圍繞著自己而存在：
哭了就有人哄，餓了就有人拿吃的。
他們任性、自我，
認為一切都應該以自己為中心。

而處於「配角位置」的孩子，
則會整日為自己的生存而發愁。
他們會將注意力放在他們需要依賴的人身上，
善於察言觀色，
認為自己隨時面臨「被遺棄」的危險，
所以需要不斷討好別人，讓別人滿意。

迴避型人格是怎麽回事

你知道什麼是迴避型人格嗎？

想像一下，當你還是個嬰兒的時候，因為飢餓、尿褲子或者受到驚嚇而哭泣時，你的父母在一邊暴跳如雷的場景。他們埋怨你給他們帶來麻煩，把他們的生活搞得雞飛狗跳。他們沒有耐心好好照顧你，不會及時地餵你喝奶、幫你更換尿布，以及安撫你受到驚嚇的心靈。

當你長大一點以後，他們總會說這樣的話：

「我們為你付出太多了。」

「如果沒有你，我們的一切都會變得更好。」

「如果沒有你，我們早就離婚了。」

當你提出請求時，他們總是堅定地拒絕：「我們已經為你付出那麼多了，你還敢要更多？」他們忽視你的感受，忽視你的需求，背後傳遞出的資訊是：你不值得。當你在學校跟人打架時，不論錯在不在你，他們都會教訓你，因為你給他們添麻煩了。

當你因為遭遇不公而表現出憤怒時，他們會因為你的憤怒而變得更加憤怒：「小孩子懂什麼？有什麼好生氣的？你是不是又欠揍了？」於是，你的憤怒被他們的憤怒壓了下去。

這樣的你，沒有體驗過父母足夠的愛，沒有從他人那裡得到過理解和善意。在你的心中，世界是無比危險的，沒有任何人能幫助你，沒有任何人能給你依靠。你甚至會感覺到，自己做什麼都是沒有用的：提出要求，沒有用；尋求幫助，沒有用；表達情緒，沒有用。

你認為這個世界是恐怖的、充滿了危險的，它不會因為你的拚命掙扎而有一絲絲改變，你唯一能做的就是迴避。於是你將自己封閉起來，對外界的一切都保持懷疑，甚至是敵意。

◆◆◆

你開始壓抑自己的欲望，因為認為自己不值得，不配擁有任何東西。

每當你想要一樣東西，想做到一件事情，或者喜歡上一個人，就會馬上退縮、自我否定，甚至自我攻擊。你不會承認自己的欲望，只會敵視它，認為自己「想要什麼」的想法是非常可恥的。即使把你最想要的東西放在眼前，你也不敢伸手去拿，就像那句流傳很廣的話所說的：「膽小鬼連幸福都怕。」

你開始壓抑自己的情緒，因為情緒對你並沒有任何作用，你的喜怒哀樂無人關心。

於是你對情感變得麻木，你無法理解他人，更無法認識自己；你缺少同理心，甚至面對自己時，都像一個冷血的旁觀者。所以當有了任何情緒時，你會下意識地將它們全部壓抑住。可這些被壓抑的情緒會讓人對生活失去參與感，還會變得憤世嫉俗，充滿負能量。

◆◆◆

久而久之，你變得孤獨，甚至將孤獨看作正常的生活狀態。你對他人、對外界全都漠不關心，只在意自己的小圈子；你討厭與人合作或者競爭，不屑於與人爭論是非，你認為自己是獨特的那一個。

漸漸地，你開始與現實世界脫節，把小眾的東西當作自己的精神寄託，比如掌握一個冷門而高雅的愛好，或者學習一些高深晦澀的知識等。但這些都不會使你變好。你身處現實的環境，總會被現實拉回去錘煉，反覆再反覆，直到你徹底否定自己，並將自己的精神寄託貶低到一文不值為止。

如果你能在崩潰後重新站起來，就可能會嘗試讓自己多參與社交。但是一切對你都太難了，你只能像機器人一樣模擬他人，按照設定好的情緒，做出應該有的表情。即便一切順利，也只能擁有一種簡單的能力——保持與普通朋友的普通關係。因為人與人之間正常的親密關係，是你從未體驗過的，所以每當你想要更進一步，馬上就會出大問題，讓對方感到不適。

◆◆◆

人總會把最熟悉的選項當作最安全的，哪怕它是一個不完美的選項。因此，在愛情上，你大概會尋找一個像父母一樣的伴侶——他（她）是不完美的，但對你而言，他（她）是對的。

在這段關係中，你不斷地受到傷害，卻難以割捨這份感情，直到自己遍體鱗傷。可怕的是，你會覺得對方的所作所為都是有原因的，是你有錯在先。你能清楚地意識到自己的感情，卻無法清晰地表達出來。

「我喜歡你。」

「我想你。」

「我很在意你。」

這些親密關係中最普通的情感表達，都會讓你感到無比羞恥。甚至看到愛情電影中男女主角的擁抱、親吻，都會有一種想逃開的衝動。

你會被伴侶指責和抱怨：

「為什麼你這麼冷漠？」

「你的心是石頭做的嗎？」

「我覺得我們之間的關係一直很遠。」

你很想享受這一切，可是沒辦法在一份親密關係中放鬆。朋友之間親切地交談、大笑，情侶之間熱情地擁抱、親吻，對你來說是遙不可及的。彷彿他人是佈滿了海市蜃樓的地獄，你越被虛幻的美好牽引，遭受的痛苦就會越多。

你對人與人之間的衝突格外敏感，能強烈地感受到別人對你的指責。面對指責，你會迅速進入一種防禦狀態。因為你心中沒有安全感，所以稍一遭受攻擊，便會全面放大，全力自保，迅速逃避。

兒時經歷造成的習得性無助，會把如今已經長大、變得強壯的你，拉回那個無助的過去。你會大腦一片空白，像一頭在草原上落單的小鹿一樣恐懼；你會一次又一次地把關係搞砸，然後告訴自己：「我可能注定就是孤獨的。」既自卑又驕傲。

所謂親密關係，不過是普通人再普通不過的日常生活的一部分，對你來說卻是還不完債的無底洞。你憤世嫉俗，對人類充滿懷疑與敵意；你高度敏感，很難和他人相處：你是人群中的怪物和異類……

◆◆◆

可是，你並沒有錯啊，換成另一個人，也不會比你做得更好。能在這樣的人生中依然相信未來，嘗試著去改變自己，已經很了不起了。

那些不好的東西都是環境帶給你的，要是任由它們推著你走，你只會成為它們中的一部分。如果讓糟糕的性格延續，就會重複糟糕的親密關係，還會將糟糕的生命體驗傳給下一代，成為你所討厭的東西的支持者。

當你明白為什麼自己會變成現在這樣，就會開始心疼自己，原諒自己。你應該持續學習和成長，這樣會讓你清晰、客觀地看待自己；你應該去幫助他人，這會帶給你價值感和參與感；你應該認識更多的人，克服你的社交恐懼，一次次重複地體驗人與人之間的健康關係。

如此，你會收到來自他人的感謝和讚美，並且大方地接納；你會勇敢地對一個人說「我喜歡你」，並且不再感到羞恥；你會不再逃避，面對攻擊，勇敢地還擊，無論對手是誰；你會擁有一段真正的親密關係，它可能並不如你想像中那麼完美，但你終於意識到：輕鬆舒適的關係才最可貴。

你會比普通人更珍惜這一切，因為你是從地獄一步步走上來的。

你不再憤世嫉俗，對世界有了更多的期待與信心。

你不再冷漠，對他人有了更多的同理心。

痛苦進入身體，便統統熬成了溫柔。你能感受到這份溫柔嗎？如果你擁有痛苦的過去，那麼請將左手放在右肩上，將右手放在左肩上，替我抱抱你吧。

如何擺脫討好型人格

一直以來，很多朋友和我談起過一些關於討好型人格的問題。

比如，一位朋友提到她被父母安排到親戚的公司工作。她說在那裡過得非常痛苦，面對巨大的壓力、無端的指責和辛苦的工作，她雖然幾度快要崩潰，但還是強撐著去努力地滿足公司的各種要求。

我問她：「你有沒有考慮過離開那裡，或者多跟父母溝通一下你的真實想法？」

她說：「不可以。我不能讓他們失望，不能給他們添麻煩。」

另一位朋友提到他總是無法拒絕別人的要求。有一次同事找他調班，他明明已經有自己的安排了，但因為不想傷了感情，索性就答應了。之後，他非常後悔，覺得自己本應該拒絕的。但他明白，他即使這次想清楚了，等到下次被人求助時，還是無法拒絕別人，依然會下意識地說：「沒關係，反正我也沒什麼事。」

類似這樣的事，也發生在許多找我諮商的人身上，並且大多數人都會補充一句：「我知道我是討好型人格。」

為什麼明明知道自己是討好型人格，卻無法改變呢？

◆
◆
◆

網路上有許多關於討好型人格的文章，這些文章會列出一些典型的特質，如上面案例中存在的不懂拒絕、主動討好別人等。很多人覺得自己符合這些特質，就為自己貼上了討好型人格的標籤。

「為什麼我明明知道該怎麼做，一旦面對別人的請求，就無法拒絕呢？」

我想告訴你：「決定你選擇的，更多的是你的經驗，而非知識、道理。」

就像電影《後會無期》中的那句經典臺詞說的一樣：「從小聽了很多大道理，可依舊過不好我的生活。」即使你知道了很多知識、道理，它們依然無法真正地指導和改變你。因為這些知識和道理不是你親身經歷的，很難成為你的一部分。

也許有的朋友會問：「那我們豈不是一直明知故犯，永遠無法改變了嗎？學會這些知識和道理還有什麼用？」

實際上，知識和道理雖然很難直接地運用在生活中，但可以提供我們更多觀察自己和世界的視角。

比如在處理問題時，很多人都會這樣想：「我發現問題，然後去尋找解決它的手段就好了。如果我沒有成功，那就說明這個手段不好用，這個問題很難解決。」

這個時候我們可以換一個角度，反過來思考：為什麼這個問題無法被解決？為什麼我們無法改變自己的討好型人格？

因為你自己不願意改變。

這就如同拋硬幣一樣，人們總是在無法做出選擇的時候，用拋硬幣這種方法來做決定。有句話是這麼說的：「當你拋出硬幣時，你心中已經有了答案。」

沒錯，無論硬幣是正面還是背面，你都會跟隨自己內心的想法去做選擇。所以，當你面臨那些事情的時候，你主動選擇了做一個討好型人格的人。

看到這裡你可能會吐槽：「開什麼玩笑，我明明很討厭它，非常想改變它，怎麼可能會主動選擇它？」

原諒我的囉唆，我想把這句話再強調一遍：「決定你選擇的，更多的是你的經驗，而非知識、道理。」

請你記住，你個人的主觀喜好，並不能完全決定你的選擇。因為你本人並不能客觀地、完整地看清自己。

再舉一個例子。某一天當別人要求你幫忙時，你雖然很為難，但是仍然答應了，並為對方辦完了這件事。做這件事的時候，你雖然很辛苦，但是會想：「沒關係，禮尚往來嘛，我幫了別人，別人也會幫我……」

看到了嗎？你忽視了什麼？是的，你自己主動合理化了討好型人格。

當你向自己解釋的時候，你不會意識到「解釋」這個行為是你的經驗強塞給你的選擇，你會認為這是你自己的主動選擇。

為什麼會這樣？

接下來我將透過兩個例子，試著帶你追溯討好型人格形成的根源。

◆◆◆

從前，有個小女孩被寄養在親戚家。因為見不到父母，所以她總是哭。但是親戚不喜歡她哭，她一哭，他們就凶她，這樣她就哭得更厲害了。

終於有一天，她好像知道了哭是沒有用的，於是再也不哭了。她變得很懂事，親戚要她做什麼她就做什麼，從來都不會拒絕和反抗。

因為從決定不再哭的那天起，她就明白了一件事：我的身邊沒有一個安全的地方，沒有一個可以安慰自己的人，沒有一個人無條件地愛我，所以哭是沒用的，我沒有資格任性。

她的心中出現了一個難以癒合的傷口，這個傷口讓她無法信任他人，並帶給她強烈的不安全感。這種不安全感給了她一個訊息：我只有滿足周圍的人，才是安全的，因為我需要他們，所以必須順從他們，不然可能會面臨可怕的衝突、懲罰，甚至被拋棄，餓死在外面。

直到她長大，能夠獨立生活了，她還是唯恐自己不能讓周圍的人滿意。

每次面對別人的請求，她心裡總會出現一個無比焦慮、擔驚受怕的聲音：「千萬不要拒絕啊，否則你會倒楣的。」於是她一下子變回那個無力的小女孩，並在潛意識中認為這是非常重要的事情，自己萬萬無法承受拒絕它的後果。

◆◆◆

再來看看一個小男孩的故事。

他被霸凌，幾個高年級的孩子把他堵在牆角拳打腳踢。在被打的時候，他看起來害怕極了，縮在牆角緊緊地抱著自己。他不敢還手，知道自己打不過他們，所以除了抱住自己什麼都做不了。最終，他只能哇的一聲大哭。這幾個高年級的孩子看他哭了，害怕把事情鬧大，就離開了。

男孩長大後一直努力讓自己變得更強大些，但是無論他取得什麼樣的成績，內心都是自卑的，在面對一些機會和競爭時，常常會主動退出。

面對感情，他會因為害怕遭到拒絕，而避免所有的開始。儘管他已經讓自己看起來，並且客觀來說，夠像個大人一樣強大了，但那個被高年級學生霸凌的小孩始終活在他的心裡。

一旦他面臨選擇，那個面對攻擊卻沒有任何辦法反抗的小男孩就會跑出來，讓他再次陷入焦慮，讓他覺得自己面對現實沒有任何辦法，覺得自己完全承受不了失敗的後果。

◆◆◆

身處「主角位置」的孩子會被一種全能的自戀感包圍，認為自己是全能的主角，所有人都圍繞著自己而存在：哭了就有人哄，餓了就有人拿吃的。他們任性、自我，認為一切都應該以自己為中心。

而處於「配角位置」的孩子，則會整日為自己的生存而發愁。他們會將注意力放在他們需要依賴的人身上，善於察言觀色，認為自己隨時面臨「被遺棄」的危險，所以需要不斷討好別人，讓別人滿意。

當一個人從小就是生活中的配角時，便會因為自身的脆弱無力而時時恐懼。所以他習慣了主動示弱（就像小時候挨打時大聲哭出來一樣），主動讚揚對手、貶低自己，主動逃避和退出，以避免衝突。

討好型人格的人之所以看不到問題，是因為長期處於焦慮、難過等負面情緒中，逐漸形成一種強迫性驅動力，也就是在面臨一些相似的事情時，就會強迫自己做出相應的回應或者出現相應的情緒。

雖然你對那些無理要求非常不爽，但當你面臨選擇時，身體會下意識地進入防禦狀態，你心底的「小孩」就會被喚醒，跑出來讓你陷入焦慮，你會認為拒絕對方的結果很可怕，自己不能承受，於是你只能選擇「討好」。

此外，你壓抑了自己對對方的敵意，這些敵意再次轉化為焦慮，而焦慮留在自己身體裡折磨自己，你必須為它們尋找出口。於是它們一部分被投射在了外部世界（比如你莫名討厭某些東西，或者突然懼高、怕水，或者連續做惡夢等等），並且很難被你察覺，而另一部分則變成對自己的厭惡，或者以「合理化」的方式解決了。

一般來說，討好型人格的人都很無私，具有犧牲精神。他們在生活中表現出來的寬容大方、善解人意，都是真實的，但是他們的出發點往往是：將問題「合理化」、獲得自我認同、逃避衝突、可以不用被暴露在危險的情境中。

當討好型人格控制我們時，我們一方面要清醒地看到自己。

你可以告訴自己：**現在是我內心的小孩控制了我的感受，事實並沒有想**

像的那麼糟糕。而我必須重新客觀地去衡量它的結果，看看我是否眞的不能承受。

當你因為焦慮最終還是選擇了「討好」，你可以告訴自己：沒關係，改變經驗造成的影響是一件長期的事情，我已經看到它了，一切都會變得越來越好的。而現在，在我沒有足夠力量面對它之前，我必須接受它，而不是繼續欺騙自己或者逃避它。

另一方面，我們要學會從自我「合理化」中走出來。不要因為自卑，因為身處配角的位置，就讓自己沉迷於犧牲自我、滿足他人的獎勵遊戲當中，不要為了「被需要」而讓自己變成「附屬品」。

◆◆◆

很多問題都是以「強迫性重複＋合理化」的組合形式融入我們的生活的，以至於我們甘願替自己繫上鎖鏈。討好型人格的人，必須在理性上完全認清自己對討好行為虛擬的美化。**擁有傷害他人的能力，並不意味著你需要這樣做；但沒有保護自己的能力，則意味著你可能被任何人傷害。**

改變討好型人格，你可以選擇做以下幾件事：

（1）做一些簡單粗暴的對抗性運動

比如自由搏擊。當你穿好護具和對方走進八角籠，置身於動物生死相搏般的處境時，你會猶豫、恐懼、不敢出拳、收力。等對方的拳頭一次次打在你的臉上時，你會閉上眼睛、想逃跑，但是你的腎上腺素會飆升，心臟會狂跳，你會顫抖著出拳反擊，由試探直到癲狂。

當你終於將拳頭狠狠打在對方臉上，並且體會過戰鬥後跟對手友好碰拳的感受後，很多事情開始變得不一樣：你不會輕易地被討厭；每個人的安全區遠比你想像的大。這些直觀的感受會像「暴露療法」一樣簡單粗暴地改變你。

（2）恢復對自己的知覺

討好型人格的人往往會在觀察他人的過程中遮蔽自己，他們認為自己的喜好和條件都是「麻煩」，所以為了不給人添麻煩，才逐漸封閉了自己，直到變得麻木，失去了對世界和自我的知覺。

所以你要做的重點是將注意力移回自己身上，甚至可以暫時停止與他人交往。就像失去過味覺的人重新開始品嘗食物，感受酸甜苦辣一樣，你需要從基礎的身體感受開始，比如餓了要吃東西，困了要睡覺，捕捉自己當下的情緒，發現自己的興趣愛好，細心全面地瞭解自己。

（3）重建安全感

在人際關係中受到的傷害，往往容易使人進入一種惡性循環：糟糕的體驗導致錯誤的認知，錯誤的認知再次導致現實的不幸，這種不幸又導致對錯誤認知的深信不疑。

所謂重建安全感，就是用一種新的經驗感受覆蓋那些舊的經驗感受，並扭轉舊的思考方式。我們常常對「關係」乃至「愛」產生一種虛幻的誤解，認為一個缺愛的人想要改變，就要得到他人百分之百的、無條件的愛，這樣才能彌補他內心的缺口，使他恢復自信。

但事實上，一個人想要建立真正的安全感，**首先要拋棄對於美好的愛的虛幻想像，然後要從自我、生活、人際等方面進行思考和訓練，獲得更多層面的掌控感。**

重建安全感，就像堆積木一樣，一層層地疊加上去。一個人有自己完整的世界觀，有自己的理想，有自己的好友和親密關係，有自己同好的群體和社會支持……這些東西疊加起來，就會成為堅不可摧的堡壘，讓人即使遭受挫折也不會失去安全感，這比虛幻縹緲的「完美的愛」可靠得多。

身為討好型人格的人，即使你無法從外界得到幫助，也可以選擇成為自己的老師，不斷學習和成長，最終體會到「將打亂的人生逐漸理順」的樂趣。

如何走出社交恐懼

克服社交恐懼是一件非常爽的事情。

我清楚地記得，有一次我參加一個活動，輪到我講話時，腦袋一片空白，手心全是汗，臉像著了火一樣燒著，十分尷尬。

忽然，我耳邊好像有個聲音響起，告訴我：「從此以後不論經歷任何事情，我都不可能再落入這種恐慌尷尬到手足無措的狀態了。」

下一刻，身邊的一切彷彿都與我無關了，我整個人瞬間放鬆到幾乎感受不到自己的狀態，全程微笑著，很自然地完成了發言。

之後我走過許多個城市，在每個城市都

見了許多未曾謀面的人。雖然我在與人相處上還有些生疏和拘謹，但是在和每個人相處交流之後，都留下了一段愉快的體驗，並交到了幾個很好的朋友。

回顧自己的經歷，我首先注意到的是：為什麼我的社交能力這麼差？身為群居動物的人類，我為什麼會對社交感到恐懼？

我想，很多人之所以會對社交感到恐懼，是因為一切都是未知的，而最可怕的東西正來自未知。

社交恐懼者在與人交往時，彷彿置身於一片充滿危險的迷霧中，以至於充滿恐懼，如履薄冰。因此他們永遠都是被動的，對他們而言，積極主動意味著冒險，意味著可能被無法想像的東西毀滅。

於是，他們會在與人交往的過程中表現得極其被動，會對對方的一言一行過分解讀，會用想像的方式替對方看低自己：

「他怎麼不說話了？他一定是討厭我了，跟我說話一定非常無聊。」

「我這種人怎麼能接受這種好意呢？我不配。」

「還是不要給別人添麻煩了，我滿身負能量，一定讓人討厭。」

他們用自己的低自尊標準配合想像，判斷對方一定會討厭自己。若是最後確定對方真的討厭自己，就會覺得自己的感覺果然完全正確，會變得更加被動。如此循環往復，到最後，每當有人搭話，他們都會覺得「大難臨頭」，迫切地想要逃離。

◆◆◆

我曾經就是一個社交恐懼者，並且深信獨處是自己最好的生活模式。一次次在類似的困境中手足無措，在一片未知的黑暗裡嚇得不敢動彈。但自從那次在活動上成功發言之後，我變得勇敢了許多。

漸漸地，一切都清晰明亮了起來，我學會將在場的人分為幾類，並分別模擬每類人，用他們的視角看待自己。他們會以怎樣的態度看待我？他們大致會怎樣想我，會不會忽視我？他們對我的看法會受我的哪些行為影響呢？一切都變得清晰，可掌控，我還有什麼要畏懼的呢？

我忽然發現，我們一直以來恐懼的不是那片未知的黑暗本身，而是我們身處未知黑暗中的感受。也就是說，我們害怕的並不是任何具體的東西，而是面對未知時自己的感受。

當面對未知的事物時，我們都會感到緊張和害怕，這些情緒是我們身體發出的警報，能夠保護我們、幫助我們渡過難關。可是，如果每次都因為對未知的恐懼而選擇退縮，就永遠無法認識到未知背後的真相。如果能看到一次未知背後的真相，下一次身處未知的恐懼中時，就不會再手足無措了。

見到一個陌生人，不知道對方的性格。去一個陌生的場所，不知道那裡的規矩。被要求去做一件從沒做過的事情，不知道自己能不能做好……我們不是要把自己訓練得對任何事情都不緊張、不害怕，而是要敢於挑戰身處未知之境時恐懼的自己。

如果一個怕水的人學會了游泳，他也就戰勝了恐懼。第一次經歷夢魘的時候，我陷入巨大的恐懼中，而第二次我會提醒自己，過一下就好了。我知道，以後再次面對陌生的人或事物時，可能還會感到焦慮和恐慌；但是我也知道，焦慮和恐慌過後，並不會真的有什麼恐怖的事情發生。**我只要接受自己的情緒，然後正視它，那些未知的一切就會逐漸露出它們的真面目。**

◆◆◆

總之，社交恐懼是因為害怕未知。當我們處於緊張和害怕的情緒中時，我們就將自己的注意力全都集中在了自己身上，並大大地降低了自己理解他人的能力。

你逐漸變得過分關注自己，缺少對他人的同理能力。你在與他人交往的過程中，往往對自己的表現吹毛求疵，而對對方的瞭解則完全基於想像。於是他人即是充滿恐懼的未知，這樣的未知以你自己設定的高標準時刻審視著你，並在你的想像世界中批評你、厭惡你、嫌棄你……。

如果我們能夠去瞭解他人，逐漸弄清楚他們的想法、性格、行為習慣，那麼這類人都將不再可怕。

例如你去服飾店裡買衣服，會感到緊張和尷尬：你想請店員不要一直跟著你，卻不好意思直說；你會想店員會不會覺得你很難搞；你會想試了很多都沒有合適的，不買會不會很尷尬；你想殺價，但不好意思開口……

改變這種情況最好的辦法，就是你親自去當幾天店員。當你面對過不同的顧客和不同的情況後，一切都會變得簡單。當你以後再去買衣服的時候，你就會發現自己對店員腦袋裡的想法一清二楚，在這種情況下，你基本上不會尷尬。

在與人交往的過程中，你要學會用對方的視角去理解他的想法，如此，面對任何人，你都能夠找到合適的相處模式。

◆◆◆

我曾經是一個重度「社交恐懼症」患者，而我的改變從我變成一個「傾聽者」開始。

在過去一年多的時間裡，我傾聽過無數人對我的傾訴。我逐漸瞭解了不同的人是怎樣看待事物的，甚至在一些跟自己個性相似的人身上，重新認識了自己。

後來當我真正走出家門，面對面跟人交談時，當我就要像過去一樣開始恐慌時，我忽然發現自己能在與對方交往的過程中感受到對方的感受，並且知道怎樣與對方建立一份關係，再將這份關係向好的方向引導。這對於曾經孤僻、被動的我來說，是一件非常開心並有成就感的事情。

一般而言，人們對淺層關係會無所謂，而對建立一段更深層的關係容易感到緊張。對普通人之間的問候、寒暄，人們可以做到禮貌應付，但是關係若要再進一步，就會感到緊張和不安。

很多人之所以對他人如此戒備，一方面源於過去一些失敗關係裡的「負向體驗」，另一方面則源於對自己的不接納。因為不喜歡、不接納自己，所以更怕被別人看到這樣的自己，於是理所當然地認為「認識我的人當然都會討厭我」。

當一個人想像自己在被人討厭時，就會在社交關係中變得被動，直到讓對方眞的討厭他，然後告訴自己：「我的判斷是準確的。」

很多時候，我們和他人之間最大的障礙，來自我們對自己的偏見和誤解。

比如，有一次，一位朋友在與我聊天的過程中不斷地向我道歉，並表示會盡可能減少打擾我的次數。但事實上，我並沒有感覺到跟他聊天有被打擾到。相反地，我覺得我們聊得很有意思，對很多問題的討論給我帶來了一些思考和啟發。所以我當場表示很樂意跟他交流，希望能用這種主動示好的方式糾正對方對我的想像。

我建議所有自卑的朋友去參加一些公益活動。起初，當你聽到一些感謝和誇獎的話時，可能會感到非常羞愧和尷尬。但是當你經常得到一些非常真誠的感謝以後，會逐漸意識到，「我正被別人喜歡著」是客觀事實，不必推託和感到羞恥。你完全可以接受別人的好意，甚至你也可以喜歡這樣的自己。

當你勇敢地推開門走出去以後，會發現自己遇到的人大都是那麼真誠、善良，你值得擁有你擁有的一切，值得被愛。

終有一天，你會認識到一個事實：這個世界上對你最苛刻的人，原來是你自己。

愧疚是最大的負能量

你是否很容易對人感覺到愧疚？

比如，你沒有做好一件事情，就會覺得自己很沒用，會攻擊自己，會覺得自己對不起很多人。或者一件很多人參與的事情沒有往好的方向發展，你也會覺得這都是自己的錯。

你是否從來都不願意主動麻煩別人？

比如，所有的事情都盡可能自己完成，一旦得到別人的幫助，就會時刻感覺虧欠對方，覺得自己連累了別人，給別人增添了許多麻煩。

曾經我也是這樣一個容易愧疚的人，但是一直都沒有人告訴過我這樣的過度愧疚是不對的，是不健康的。直到後來，我在書上和許多人的經歷中，才慢慢瞭解到自己過度愧疚的根源。

◆◆◆

愧疚其實是自卑的一種表現。一個人如果在嬰兒及童年階段沒有得到父母的支持、鼓勵以及無條件的愛，就會缺乏心理安全感，懷疑自己是否值得被愛。而這種安全感的缺乏和對自己的懷疑將使人變得膽小、懦弱，時刻害怕被拋棄和被討厭。

在這類人眼中，一個人能夠被別人愛是

有條件的，所以他們必須要求自己滿足那些條件。比如，很多父母習慣給孩子壓力，他們總是將「別人家的孩子如何如何」掛在嘴上，結果就會使孩子覺得「爸爸媽媽更喜歡別人家的孩子，我什麼都做不好，真是太沒用了，我不配得到他們的愛」，於是產生愧疚感。

還有一些父母把夫妻之間的問題帶到孩子身上，比如吵架的時候讓孩子傳話，逼迫孩子在兩人之間做出選擇，或者對孩子說：「要不是為了你，我們早就……」、「我為你付出了……」

這些言行無疑會讓孩子承受過重的壓力，使孩子感覺什麼都是自己的錯。

人在童年時期是缺乏判斷力和防禦能力的，只能選擇相信父母。當他遭到父母的責備和不公平對待時，只能認為「我之所以被這樣對待，是因為我不夠好」，由此產生愧疚，甚至他可能會站在父母的立場上，和他們一起攻擊自己。

主持人馬東在綜藝節目《奇葩大會》中提到這樣一句話：「愧疚是最大的負能量。」

我很贊同這句話。**因為愧疚是沒有出口的，一個習慣愧疚的人，常常覺得自己應該受到懲罰，於是不停地傷害和攻擊自己。我們「得償所願」地感受著痛苦和難過，這些痛苦和難過又轉化為更強大的負能量，讓人變得更加愧疚，促使我們更用力地傷害自己。**

這是一個沒有出口的惡性循環。如果長期被這樣的愧疚感折磨，就會變得更加焦慮，更加孤僻。你的行動能力以及社交能力會被嚴重降低，甚至可能掉進憂鬱的深淵。

那麼如何才能跳出過度愧疚的惡性循環呢？

首先得看見自己的過度愧疚。習慣過度愧疚的人，往往非常好相處。他們容易為了博得別人的喜愛，而努力把自己變得完美；他們容易討好別人，盡可能地滿足別人的要求；他們很溫柔，不願給別人添麻煩，凡事喜歡為別人著想……但是當他們感到痛苦的時候，就會把自己關起來，選擇一個人默默承受。

正因為「好相處」，又善於將「不完美的自己」隱藏起來，所以他們的過度愧疚不會被人看到，也不會有人告訴他們這樣做是不對的。於是，他們一直把過度愧疚視作理所應當。

◆◆◆

我們知道過度愧疚是一種消極的心理機制後，還應該瞭解它的具體問題是什麼，並且予以反駁。下面我整理了八種常見的過度愧疚的類型，以及對應的反駁方式：

（1）貼標籤

普通人做錯一件事或者沒做好一件事，可能會想辦法補救，或者重來一遍，也可能乾脆置之不理。但是一個習慣愧疚的人會轉而攻擊自己，他們通常會為自己貼一些標籤：「笨蛋」、「廢物」、「一無是處」、「糟糕透頂」等等。

反駁

當我們為自己貼上了一個標籤，這個標籤就會成為一個「原因」，所有事情的結果都可以用它來解釋，這樣就會使我們永遠無法改變它了。人人都會犯錯或失敗，我們不能因為自己的某些錯誤或失敗就急著定義自己，人是可以成長和改變的，錯誤或失敗也是可以彌補的。

(2) 放大責任

正常情況下，一個人摔碎了一個杯子，只要把碎片清理了就好了。但是習慣愧疚的人會把這樣一件小事無限地放大，他們會感到無措，會痛苦，會怪罪自己什麼都做不好。

反駁

放大自己的責任毫無道理，我們不需要承擔超出問題本身的責任。

（3）疊加

一旦做錯了一件事，就會把以前做錯的事情全部翻出來，將錯誤不斷地疊加，然後全部壓到自己身上。

反駁

我們只要面對當下正在做的事情就好了，牽扯以往的問題對於解決這件事情毫無幫助。

（4）錯在自己

不論發生什麼事情，過度愧疚者都會習慣性地認為是自己的錯。大家一起做一件事，如果失敗了，他們會認為都是自己的錯；別人無故地攻擊他們，他們也會認為是自己的錯。

反駁

許多事情並不是我們所能決定的，不順利的原因也並不在於我們。

（5）把愧疚當成動力

習慣把這種「自我攻擊」當成督促自己前進的動力，認為只要兇惡地罵醒自己，自己就可以變得更好。

反駁

透過愧疚去逼著自己做事情，只會使自己過度焦慮，這樣反而無法把事情做好。

（6）對失敗無法釋懷

因為過去的失敗，過度愧疚者對任何事情都不抱有期望。比如大學考試時沒發揮好，他們就會持續愧疚，會不斷地提醒自己很失敗，最終導致自己走上一條無望的下坡路。

反駁

學習和成長是終身的事，我們只要不放棄，就有機會成為優秀的人。

（7）過度比較

總是拿身邊的或者網路上的成功人士與自己做比較，或者拿別人的優點與自己的缺點做比較，以證明自己多麼差勁，然後再為自己的無能而愧疚。

反駁

每個人的起點和標準都是不同的，我們只要跟自己比較就好了。

（8）完美主義

對任何事情都有極高的標準，同時對自己有極低的容忍度，經常因為一點小差錯而愧疚自責。

反駁

世界上不存在任何完美的事物，我們不應該對自己太過苛責。

以上八種典型的過度愧疚類型，中槍的朋友可以熟記，當自己再次陷入這樣的情緒中時，想到它們並及時反駁。

一開始你可能無法立刻做到應對自如，但是你可以在任意一種類型的過度愧疚發生後將它記在心裡，過後再對照著每一項的反駁方式跟自己講道理。這樣經過一段時間的練習後，你就會擁有戰勝愧疚的能力。

在這種時刻，請停止思考

思考是一件非常重要且有意義的事情，人們需要透過思考來不斷認識自己和世界，完成一次次蛻變。但是當你處於重度憂鬱、極度悲傷和痛苦，或者巨大壓力之下的時候，請停止思考。

因為在這種情況下，注意力會徹底失控，讓人掉進負面的狀態中無法自拔，進行自以為是的「思考」。你會試圖透過努力思考去把事情「想清楚」或者「解決」。可越是掙扎，距離負面情緒的出口就會越來越遠。

你的人生中發生了一件讓你極度痛苦的事情。雖然這件事情已經過去了，但是它的影響還在，使你感受到強烈的痛苦和巨大的壓力。你越是痛苦，就越是想改變這一切。於是忍不住開始思考，因為「思考」讓你覺得自己正在改變。但與此同時，你的注意力便嗖的一下脫離了你的控制，跑到過去，跑到那件讓你痛苦的事情上。

「為什麼我身上會發生這樣的事情，為什麼是我？」、「如果我當初……是不是事情就不會這樣了？」、「之所以發生這樣的事情，都是因為我不夠好，我太差勁了！」……你的思考首先會變得感性，你會在負面情緒的驅動下開始自怨自憐，為事情尋找根本不存在的原因，被焦慮和悔恨重複地折磨。接著，你的注意力又會嗖的一下跑向未來，你會漸漸陷入一種災難化思考中。你覺得這件事會在將來一直對你產生影響，讓你永遠好不起來；你會一遍一遍地想像很多恐怖的事情不斷發生在自己身上，然後深陷絕望不能自拔。

你試圖不去想那件事，但這種努力反而讓人不得不去注意它，你會不受控地在現實生活中尋找與其相關的事物——這也是為什麼一個人在悲傷的時候會去閱讀那些主題悲觀的書，聽旋律哀傷的歌曲，自虐般地重複想、重複看那些讓其痛苦的東西。因為你的注意力在尋找那份痛苦的複製品，讓你從中感受到共鳴。

◆◆◆

為什麼人在憂鬱症嚴重的時候，會連不開心的情緒都沒有，只剩下一種疲憊和麻木的感覺？

那是因為不受控的注意力一直在消耗著你的精力：那些對悲觀、絕望、焦慮等情緒的過度關注，讓內耗從未停過，直到把精力完全耗盡。於是你便連不開心和悲觀的力氣都沒有了。

在這種時候，我們最需要做的就是好好接受心理治療，停止無意義的思考，讓精力緩緩地恢復。

一般而言，我們恢復一些精力以後，又會開始不受控地胡思亂想。

那麼如何才能做到「停止思考」呢？**你既不要糾結過去，也不要恐懼未來，只需要關注當下，不做任何評價、不帶任何情緒地將注意力放在最簡單的事情上。**

比如吃蘋果這件小事。一個蘋果放在面前，你首先需要將注意力放在它的外觀上，觀察它的顏色和形狀；接著伸手將它拿起來，將注意力轉移到手上，感受它的重量和質感；然後將它放到鼻子邊，用嗅覺去感受它的香味；最後張開嘴一口咬下去，一邊聽著咀嚼時發出的「沙沙」的聲音，一邊感受牙齒與果肉的摩擦。此時蘋果的清香在口中擴散開來，你感受到果肉經過你的喉嚨、食道，最後到達胃部的全過程。

◆◆◆

在「只關注當下」這個過程中，只有「此時此刻」和眼前最簡單的事情。如果感到自己恍神了，也不要責備自己，只需默默地將注意力抓回來就好。

你可以隨時使用這個方法，可以是吃蘋果，可以是穿衣服，可以是掃地，也可以是呼吸。當你連續每天重複使用這個方法後，原本無法集中的注意力就會變得可以控制。

接下來可以升級訓練。可以試著用注意力掃描自己的全身，從腳趾一直到頭頂，感受身體每一處的反應；可以試著推開窗戶，傾聽窗外的每一種聲音，辨別它們的來源……

當注意力更可控以後，就可以嘗試做運動，也可以讀書思考，多與人交流，完成很多過去無法完成的事情。

當你透過訓練，讓自己控制注意力的能力變得夠強大以後，便能學會更加理性地思考，以正確的視角看待自己和這個世界。

◆◆◆

很多時候，我們的痛苦來自我們對自我的執念。

這份執念讓我們將注意力過分地集中在自己身上，覺得自己就是這個世界裡悲劇的主角。這種對自我的過度關注就像放大鏡一樣，將痛苦放大，使其程度日益加深，持續的時間不斷延長，持續地消耗著我們的精力。

當我們能夠進行一段時間的注意力訓練，並且能夠逐漸將注意力從自身擴展到外部世界時，就會發現「我並不重要」。

「我不重要」並不是一種悲觀的自我否定，而是一種蛻變後的通透。

我們與這個世界上的萬事萬物並無差別，讓我們痛苦的事情終將會過去，就像冰雪必然會消融於大地一樣。

到那時候，我們觀察自己的痛苦，便跟觀察人類共通的痛苦沒有差別，能夠做到真正的接受。這意味著我們的能量已經像太陽一樣，可照耀萬物，不留陰影。即使曾經那件痛苦的事情重演，也完全可以一笑置之。

有一種自信，源自被迫驕傲

多年以後，我才意識到：一個真正自信的人是不需要自信的。他們可以心安理得地接受別人的誇獎和饋贈，可以理所應當地去爭取機會，可以勇敢地維護自己的權益。這些自信的行為對他們而言是很自然的事情，並不需要去刻意讓自己表現得很有自信。

但生活中，很多人的自信其實是一種被迫驕傲。這種驕傲非常容易使人落入徹底的自卑中。

◆◆◆

那麼什麼是被迫驕傲呢？

簡而言之，有些人在童年時期沒有形成與人正常交往的能力，導致他們在群體生活中無法找到歸屬感。身處人群中時，內心會產生一種潛在的恐懼和不安，以至於隨時都會啟動自己的防禦機制。

我們上學的時候可能看到過這樣一些人，凡事都要爭第一，無法容忍自己失敗。在旁人眼裡，他們好強、有自信，實際上他們一直處於強烈的不安之中。

在他們看來，「我只有證明自己，才是安全的」，「我只有自信且完美，才能夠得到別人的愛和善意」。

還有一種人，獨來獨往，對人冷漠，看起來一副不可一世的樣子。但事實上，他們渴望融入人群，甚至思考過：「為什麼我不能像別人一樣簡單、快樂呢？」與第一種人不同，他們不是透過競爭來證明自己，而是選擇徹底退出競爭，轉而在其他道路上尋找出口。他們一方面對群體抱有深深的敵意，另一方面迫切地想要尋找一種凌駕於眾人之上的方法。

◆◆◆

我的一位朋友有一次參加一個比賽，自認為發揮得特別糟糕，她對我說：「天哪，我犯了一個致命的錯誤。所有人一定都在嘲笑我，我真的蠢死了。」

有個學生曾告訴我：「我父母對我期望那麼高，我卻這麼沒用，什麼都做不好，我真的無法原諒自己。」

事實上，我那位參加比賽的朋友幾天之後就告訴我：「我完全沒想到我能排進前幾名，他們都說我發揮得不錯。」

那個學生後來告訴我：「我放假得學開車、打工、替弟弟補習功課，再用獎學金去學其他技能。」她已經比大多數同輩都更努力、更優秀了，卻認為自己很沒用。

生活中有太多這樣的人，沉溺於滿足別人的期望，即使很疲憊也要拚命努力，即使很難過也要對人微笑，即使很優秀也總是認為做得不夠好。因為他們一直在追逐被所有人喜歡的完美假象。

久而久之，內心會形成一種自我疏離感，漸漸不知道自己是誰，或是自己在追求什麼。而那個真正的自己，永遠自卑地處於一種不安全的狀態中。

他們把自己鍛煉得非常強壯，但那個童年弱小的自己還活在心中；他們把自己打扮得非常漂亮，是為了徹底掩蓋真實的自己；他們拚命取得成就，是為了得到別人的認同，而非自我實現。

所以他們無法擁有真正的自信，因為這一切都建立在虛假的東西上，就像隨時會破掉的泡沫。一旦被人否定，或者在某件事情上出了差錯，就可能陷入徹底的自卑和自我討厭中。

◆◆◆

那些徹底和群體劃清界線的人，看起來跟正常人完全不一樣，清高又孤傲，他們常常談論一些關於人生意義的問題，刻意強調自己跟別人不一樣，對那些在群體中取得現實成就的人不屑一顧。

如果你問他們：「你的孤獨是不是你主動選擇的結果？」他們會給出肯定的答案。但是當你和他們談及他們的童年時，你就會找到一些被動的因素。

「你有沒有想過，你的孤獨、驕傲、清高以及你對別人的敵視其實不是你主動選擇的結果？」這句話對一個崇尚精神追求並且蔑視現實的人來說，殺傷力相當大。

一個以異類自居，把極低的物欲和虛無的精神追求當作後盾的人，不得不把歸屬感寄託在自己身上。他首先是一個被迫驕傲者，然後才是一個追求者。他追求的東西必定與群體不同，更加精神化和理想化。他在自己內心創建了一個完美形象，彷彿自己擁有更高的精神追求，更高的道德水準，或者更加深邃的思想。

然而，將精神與現實對立，就意味著精神要遭受現實一次次的考驗。為了找到出口，他們必須變得更加清高，對一切現實成就表現得更加不屑一顧，也更加孤獨乃至狹隘。他們一旦被現實事件砸得崩潰，就會落入無底的黑洞，認為自己是個徹頭徹尾的廢物，認為自己的整個人生都毫無意義。越孤獨就越驕傲，越無法容忍自己的精神追求被現實擊垮。

一方面，他們可能為了避免否定自己而選擇逃避現實，將自己徹底封閉起來；另一方面，他們可能轉而敵視自己的精神追求，極力地貶低過去的自己，隨後徹底投入現實追求中——這種極致的心理落差，則可能促使他們形成一種病態的、追求報復性勝利的驅動力。

被迫驕傲的人，需要的不是虛假的自信，而是瞭解和面對真實的自己。一個真正建立起自信的人，即使遭受外界的打擊和否定，也必然能夠透過自我調節恢復健康的心理水準。

Part 3

別藏在黑暗裡喜歡一個人

畏懼幸福的人永遠都無法得到幸福，
你的一次次發狠和自虐都只是變相的逃避，
你的強烈的羞恥心只是禁錮自己的牢籠，
你的無私退讓和精神滿足
只是不敢正視欲望的自我安慰。

不做愛情中的膽小鬼

「一直以來，我喜歡你這件事，給你添麻煩了。」

「遇見你就像身在黑暗深淵裡的人忽然看到了月光。」

「那份喜歡，是一種對於美好事物近乎虔誠的感動，就像身在永夜的荒廢星球第一次迎來它的日出。」

「內心越是想靠近，身體越是不斷地想逃跑。」

「沐浴在你的光彩下固然令人迷醉，但會照亮我的污濁與醜陋。」

「我全身冰冷，怎能擁抱你？」

「黑暗的溫柔，就是給光讓路。」

「我心底所有的渴望，最終都只能變成遠遠的守望和祝福。」

「仰望你的美好，或許勝過你和我一同悲傷。」

「能夠與你生存在同一片土地上、呼吸著同樣的空氣、活在同一個世紀裡，我已經非常滿足了。」

以上是我多年前喜歡一個人時寫下的一些筆記。那時候的我，覺得自己非常不堪，所以信奉「喜歡一個人就要離她遠一些」這樣的論調。我曾經喜歡了一個人很久，之後我才意識到，她只是我的庇護所。我一直自詡深情，從部落格到社群平台……為她寫下了無數文字。但這些其實早就與她無關了。

過去的我是一個孤僻又脆弱的人，只是把她當作精神寄託。每當在現實世界裡遭受挫折或者痛苦，我就會跑到記憶中的她面前痛哭，告訴她我是多麼愛她，對她的愛是多麼忠貞不渝，恨不得為她鑄造雕像，並奉為神祇。

但這一切只不過證明我的懦弱罷了。

我說的每一句「我愛你」，都是在說「救救我」；我說的「我永遠不會改變，會一直喜歡你直到死去」，其實不過是在說「現實世界太可怕了，我不敢出去」。

我以為長期深情地喜歡一個人非常浪漫，但其實只是因為我懦弱。

我以為喜歡一個人不讓她知道、不打擾她，也不求回報，是很無私的表現，但其實只是因為我懦弱。

我以為美好的東西只要純粹地保留在精神世界裡就好了，但其實只是因為我懦弱。

◆◆◆

默默喜歡一個人的時間越久，和對方的距離就越遠，漸漸只剩下記憶中的模樣。而對現實世界中那個真實存在的人，你卻一概不知。

但這不就是我們自己想要的嗎？只要永遠保持距離，就永遠不會被拒絕；只要沉溺於自給自足的精神世界，就不會被現實世界傷害。

我為我的懦弱貼上無數美好的標籤，然後安心地做著一個美化過的夢。人們聽了我的故事，都會被感動，然後告訴我：「哇，你真的好深情啊！」、「你真的好專一啊！」、「在這個時代，像你這樣的人太稀有了！」但其實我喜歡的根本就不是她，而是我自己。不，我也不喜歡我自己，我討厭我自己。

正因為我無比討厭自己，所以才會覺得這樣的我必須永遠藏起來。正因為我無法面對自己，所以才需要有一份精神寄託：要有純粹的愛情，要有浪漫的回憶，要有詩歌，要有顆無私和不求回報的心，還要有為此耗盡餘生的淒美……然後盡情地去做這場精心為自己準備的大夢。

◆◆◆

越是情感有缺陷的人，越會把一份親密關係或所謂的愛情想像得盡善盡美。因為他們不知道它該有的樣子，便不遺餘力地將其神化，當作此生的信仰。

正因如此，他們變得無比脆弱，彷彿現實世界中任何一點正常的碰撞，都會讓他們怦然心碎。

膽小鬼連幸福都怕，即使喜歡的人走到面前，也會驚慌失措，轉身逃走。這不是愛，而是病，是身體某處的一個填不滿的缺口，也是一個將自己囚禁的殼。

喜歡和愛最大的不同，就在於喜歡可以是單方面的，但愛不能。你不能愛一個在現實中與你毫無關聯的人，你必須勇敢地走到他（她）面前，讓你們的人生產生交集，這樣才能有愛的可能。

你必須從一個害怕受傷的膽小鬼，變成一個即使受傷也能去解決問題的人，這樣才能得到眞正的愛。

愛情，本就是既浪漫又俗常，既偉大又平凡的東西，它只不過是平凡的人類相互取暖的產物。你們一起去天涯海角是愛，一起去樓下的公園散步也是愛；你們的甜言蜜語是愛，生氣時的爭吵也是愛；浪漫的玫瑰和親手煮的麵，都可以是愛的表現。

所以你要讓愛從天上落下來，落到現實生活中。當你真正參與其中，忘記「追逐愛」時，愛便自然發生了。

◆◆◆

一個身處黑暗的人，如果對他人生出喜歡的感覺，那麼這份喜歡就應該是他嚮往美好生活的力量，是他「生病」的身體裡迸發出的活力與生命力。

你如果足夠喜歡一個人，就一定要讓他（她）知道。因為無論你自身多麼糟糕，你的這份喜歡都是純潔無瑕的。在人生這場旅途中，一切美好的東西你都該努力去抓住，那些美好的人、風景、食物以及熱愛的事情……藏在黑暗裡的人，總會被光牽引著走出來。不要怕，但也不必急。

從「感覺主導」到「現實主導」

以前我的生活一直都被「感覺」主導。

我非常內向、敏感，認為只有自己內心的感覺最重要、最真實，其他的一切都與我無關。這導致我的生活一直是混沌和無序的：

吃什麼？都行。

接下來去哪裡？走到哪兒算哪兒。

以後想做什麼？無所謂。

很久之後我才意識到，所謂的憑感覺做選擇，其實就是不做選擇。

只要我不在乎結果，就可以不認眞做選擇，不為結果負責。

年少時喜歡的人走了，我不會挽留，默

默地寫了很多詩；考大學前在教室布告欄上寫下了「得失隨緣，心無增減」八個字，最後隨便進了所學校，隨便選了個科系；喜歡寫作，卻從未認真、辛勤地寫過，總是要等到靈感從腦子裡冒出來，才勉強寫幾筆；平時看似關心身體健康，卻不好好吃飯，還經常熬夜，也沒有任何生活計畫……

我從未認真地生活過。

我以為自己可以超然物外，什麼都不在乎。但事實上，我是一個膽小鬼，不敢認真地做出選擇，不敢去在乎太多，更不敢承擔「認真了卻仍然什麼也得不到」的結果。

這世上或許有一些天縱奇才，他們跟隨感覺就可以走出一條通天路來。但是對於大部分凡夫俗子來說，生活被感覺主導，代表的是對自我的輕視與迴避。

因為輕視自己，所以不願意尊重自己，認為自己怎樣都可以，什麼都無所謂；因為迴避自己，所以才不願認真對待自己的人生，不願為自己負責。

◆◆◆

被感覺主導的人，看似只在意自己的感覺，實則卻是不自知的。甚至對於自己喜歡的物品、討厭的食物、熱愛的事等一概不知，因為他們根本就不願意面對自己，所以才交給感覺來決定一切，企圖自我迴避——只是他們不願意承認罷了。

你以為你的感覺是對的，跟隨感覺走就能保證結果不偏離真實的自己。但是感覺非常靠不住，在不同的年齡、不同的人生階段、不同的環境，都會有所不同。

比如，當你經歷一段艱難的時光時，就會覺得整個世界都是灰暗的；當你眼裡只有一個人時，就會覺得自己整個生命都離不開她（他）；當你獲得了一次成功後，就會覺得自己無所不能……

大多數人的「跟隨感覺走」，都是一種順從於習慣的隨波逐流，或是一種刮刮樂刮出「謝謝」仍然不甘心，要繼續刮開後面的「惠顧」才肯放棄的慣性；是一種明知道別人不喜歡你，卻仍然要貼上去，直到令對方對你厭惡為止的執迷不悟，或是一種被他人、被環境、被不固定的事件牽著走的放縱行為。

選擇跟隨感覺，就意味著放棄了主動思考和成長的可能，而感覺又會反過來不斷強化感覺。當你將這一切「合理化」後，你就會承受更多痛苦而不逃脫，最終一個人在自己的小格子裡越走越偏，變得極端、狹隘。

◆◆◆

在面臨選擇時，被感覺主導的人內心是這樣的：

「我想要。」

「我不配。」

可是他們又不願意承認自己不配，於是把「我不配」改成「我不在乎」。因為不在乎，所以迴避，不做選擇，最後完全交給感覺，再將這種感覺合理化：「我就是這樣一個人，這是我的特質。」於是下一次面對選擇時，他們會忽略整個過程，只剩下「跟著感覺走」和「我不在乎」兩種選項。可怕的是，他們會認為自己是對的，認為一切是他們主動選擇的結果。

曾經的我，在健身時會想：「反正我不追求練得多強壯、多完美，就是運動一下，這樣感覺舒服而已。」

由於有這種想法，我每次健身時都只是隨便推拉幾下健身器材，剛一感覺到累就走了。那時，我一邊健著身，一邊熬夜，吃不健康的食物。

而現在，我會認真地制訂自己的健身計畫，並認真地完成，還會每天規範自己的飲食，注意營養是否均衡。此外，我會盡可能早睡，保持良好的狀態。

當我用這樣的態度來面對健身這件事時，我發現我的感覺被改變了。「不好好練都對不起自己吃的這麼多雞胸肉」、「不好好睡覺都對不起白天累到虛脫的自己」，我並不想成為健美選手，但我做的這些事情為我的生活帶來了一種生命力，使我有了一個明確的現實目標，並且有了為之努力的真實感，這是「跟隨感覺」體驗不到的。

不在乎一件事情的結果，本身就是對這件事情的不尊重。你只有在一件事情上走得夠遠，才能體會到它帶來的更多樂趣。

芥川龍之介說：「為了一個不知能否實現的願望，人有時會豁出一輩子。笑其愚蠢的人，畢竟只是人生的過客而已。」

如果喜歡一個人，就不要放任自己跟隨感覺做決定，這樣只會讓一切希望破滅。你要基於現實，去規劃你們的未來：在哪裡生活、工作；怎樣經營親密關係；會安排多久約會一次、旅遊一次……

如果有喜歡的事情，就不要只是徒有熱情，實際上卻一直原地踏步。你首先要去解決現實問題——賺錢，有了一定的物質基礎，再去為之付出努力，完成最終的目標。

所謂「現實主導」，並不是只在乎結果，而是強調一種積極參與生活的態度。我們正是因為經歷過痛苦、絕望、被貶低、被忽視，才更應該努力追求和創造更多美好的東西。

如何走出缺愛的陰影

一提到某個人缺愛，很多人想到的都是這個人的性格缺陷或者其原生家庭問題，並且認為缺愛對一個人造成的影響是不可逆的。

所謂的缺愛，到底是讓我們缺少了什麼呢？缺愛，其實只是一個人在感情方面缺乏安全感而已。如果一個人在最需要愛的年紀缺少了愛，那麼缺乏愛所帶來的影響很可能將會一直伴隨著他，並且不容易被察覺和改變。久而久之，他很可能會被這種影響控制，一路無意識地生活下去，渾渾噩噩，隨波逐流。

事實上，面對缺愛帶來的影響，不同的

人會有不同的應對策略，並非所有缺愛的人都是一個樣子。這就讓很多人覺得迷惑，無從判斷，甚至根本無法意識到自己是感情上的「受害者」。

◆◆◆

簡單來說，缺愛的經歷會帶給人三種影響。

（1）缺少愛，就極端地追求愛

這種人的表現很明顯，就是對愛的過度補償。有些人缺乏愛的安全感，就會不斷地尋找被愛的「證明」。就像體會過飢餓的人不會挑食一樣，他們所追求的僅是感情關係本身，而對方是誰、與自己是否合適等一概不重要。

如果說對不缺愛的人而言，愛是享受的話，那麼對缺愛的人而言，愛就是救命的稻草，是必需的、非如此不可的，因為他們的人生主題就是「尋找一個愛我如生命的人」。

因此，在每段感情中，他們總是看起來善於討好別人和自我犧牲，但這些行為背後的潛臺詞是「我想要得到更多」——更多對愛的確認、更多的讚美、更多的認可……類似一種無意識的、間接的控制。

他們對愛的過度補償，無疑會很快地摧毀一段感情。但他們會認為自己是無私而勇敢的，認為自己每次都毫無保留地對待一段感情，可最終還是被辜負和傷害。他們對自己「忽略對方真正的需要」以及「對愛的強迫性需求」選擇視而不見。

他們無比在意別人的看法，會為了「滿足他人的期望」而使自己變得極其善於隱忍，同時又會階段性地自欺、自憐。

（2）缺少愛，就極端地遠離愛

還有一種人對愛的感受是威脅。他們畏懼自己會被愛驅使和控制，於是極端地壓抑自己對愛的需求。在成長過程中，總是將對愛的需求轉換成讓自己變得更加「獨立自主」的推動力。

因為畏懼被愛控制，所以不停地審視自己。這種自我審視使人有了一種「清醒感」，這種「清醒感」讓每一段感情在被發現的瞬間就失去了作用。於是他們又產生了一種無法融入人群的疏離感，再加上對獨立自主能力的推崇，更讓人有了一種孤獨的宿命感。

為了讓自己能夠心甘情願地保持孤獨和疏離感，他們必須在內心建立自己的「安全地帶」。於是，他們會把精力投入一些小眾的、避免競爭的領域來滿足自己。

在感情上，他們的心偶爾仍會「蠢蠢欲動」，但沒有一段感情能夠走得長遠。一旦關係變得過於親密，就會渾身不適，最後落荒而逃。他們更容易相信一種脫離現實的「精神戀情」，選擇長久地暗戀一個人，甚至乾脆喜歡一些現實中不存在的虛擬人物。在他們眼中，自己是獨一無二的寶藏，是高於現實的精神追求者。但他們始終無法看到，更不會承認自己逃避行為背後所隱藏的懦弱，以及根植於骨子裡的自卑。

（3）缺少愛，就忽視愛

如果說第一種人是「忽視自己，關注愛」，第二種人是「關注自己（理想的自己），遠離愛」，那麼第三種人就是「既忽視自己，又忽視愛」。

這種人在缺愛的成長過程中，內心世界往往充滿鬥爭，這些經歷把他們鍛煉成了既不自我逃避也不討好別人的戰士。他們對安全感的需求既不是獲得愛，也不是尋求獨立自主，而是自我的勝利。

既然無法獲得愛，那麼就忽視愛，忽視自己。於是在艱難的成長環境中，他們只剩下了一場場戰鬥。

他們的內心獨白是這樣的：「我不在意自己真正喜歡什麼，也不在意自己的情緒、感受，我在意的只是獲得勝利。」為了勝利，他們傾向於將世間一切看作可利用的資源。他們需要從一次次勝利的過程中獲得安全感，以此證明自己的正確和強大。

相比第一種人的討好，他們選擇戰鬥；相比第二種人的逃避，他們選擇競爭；相比把注意力集中在自己身上，他們更傾向於去制定和完成一個個目標，這些目標可以是財富和事業方面的，也可以是感情方面的。只不過，他們追求的並非結果，而是「自我實現」的過程。

在他們眼裡，自己是真實的，不虛偽、不做作，是為了一個個目標而奮戰的鬥士。但事實上，他們忽略了自己以及自己對愛的需求。雖然可以完成很多「大目標」，但是這些目標只是讓他們暫時鬆了一口氣，並慶幸自己「又活過了一場戰鬥」而已，並沒有讓他們獲得真正的快樂。

◆◆◆

儘管缺愛的人有三種類型，但這三種類型並不一定是涇渭分明的，很可能一個人具有兩種以上的特質。而在遇到一些重大的事情時，有些人甚至會從一種類型轉變成另一種類型。

比如從第一種人變成第二種人：一個在感情中不斷受到傷害的人，徹底對愛失望，轉變成一個自我壓抑、追求精神自足的避世者。

比如從第二種人變成第三種人：一個自我壓抑、追求精神自足的避世者，在遭受嚴重的現實打擊後，轉變為一個徹徹底底的追求世俗成功的戰士。

這三種人一旦隨波逐流久了，還會出現不同的問題。第一種人在愛而不得的重複折磨中，痛苦會不斷累積；第二種人如果不具備徹底避世的現實條件，則必將在現實的拉扯下，不停地在極端的驕傲與自卑之間切換，隨時可能崩潰；第三種人則會因一直以來對自我的忽視而變得徹底麻木，甚至精神死亡。

從這個角度來看，缺愛確實非常恐怖，有可能在一個人無意識的狀態下貫穿他的一生。原生家庭之所以會被人們熱議，是因為很多人會在自己的碰壁經歷中隱隱地意識到，很多問題可能與自己的成長經歷有關。他們進一步瞭解更多相關的知識後，便會在自己的原生家庭中找到原因。

◆◆◆

我並不贊成誇大原生家庭對一個人的影響，因為這種影響並非不可逆。我們學著認識自己，是為了解決問題。我們發現自己的問題是由缺愛導致的，將對自己的憤怒轉化為對原生家庭的憤怒——這只是「接受自己」的一個階段，盲目地誇大原生家庭的罪行和缺愛的影響，只會讓不可改變的過去阻礙可以改變的現在。

人的成長是動態發展的，就像缺少食物和安全保障的人，在經歷一段飽食和安全的生活後各種問題就會好起來一樣，所謂缺愛帶給我們的傷害，也能夠修復。

以下是我關於如何從缺愛的陰影中走出來的經驗之談，我總結為六個階段。

第一階段是破除「無意識狀態」。

比如，在看這篇文章時，在其中一段看到了自己的影子，那麼就要明白，自己是有一些問題的，要先從無意識的狀態中清醒過來：你不是一直有意識地在選擇，很多言行並不是真正出自你的內心。

第二階段是轉移目標。

將內心割裂與矛盾之處化解開，找到問題的原因，並把自己的情緒轉移到真正的原因上，可以發洩，也可以任性。

第三階段是自我原諒。

你要跟過去的自己站在一起，告訴彼此，你們都沒錯。讓過去的你和現在被你自己傷害的那個你，一起原諒你。

第四階段是認識自己。

你要像認識一個陌生人那樣去重新認識自己，可以每天寫日記，記錄自己的心情、狀態、強迫性思考和選擇，記錄自己喜歡和討厭的一切；也可以試試冥想，或看一些相關的書，有意識地進行自我分析。最後認識自己，接受自己，真正地跟自己站在一起。

第五階段是自我重塑。

一個人想要真正改變，就必須將問題從理論落實到實踐上。缺愛的人最大的問題就在於同時缺少了自愛的能力，所以這一階段的重心是透過實踐去重建自己的價值感。因此，我有幾點建議：

1. **建立一段健康長久的親密關係。**顯然，這對對方的要求會比較高。對方如果是在健康環境下長大的，就能夠幫助你快速成長，讓你不斷改變，漸漸適應真正的親密關係。
2. **找一個好的心理諮商師。**
3. **多參與公益活動，幫助他人。**一個人對他人有說明，被他人需要和肯定，並與他人產生現實的聯繫（不再飄浮在精神世界），會對他自己有益。

4. **給自己一段時間，尋找並實踐自己眞正想去做的事。**
5. **練習自我關懷。**記錄自己喜歡的事物，並學會獎勵自己；列出自己的優點，並經常把它們讀出來；對著鏡子中的自己微笑。
6. **有意識地改變自己的強迫性思考。**
7. **既要跟世界緊密相連，又不要丟失自我。**
8. **尊重自己的本性。**
9. **多與人交流，尤其是深層的交流。**

第六階段是自我實現。

當你終於從缺愛的陰影中走出來後，會獲得一種前所未有的自由感，終於可以按照自己的意志去行動，不再自卑地面對每一個人。你開始能夠大方地愛，也能夠接受愛。你能夠坦然地面對自己的過去，接受自己的缺點，發現自己的優點。

願那些曾深陷泥潭的人，都能透過不斷學習和成長，熬過艱難時刻，直至生出翅膀，展翅高飛。

為什麼你總是輕易搞砸一段關係

每一段長期的親密關係中的兩個人，都會逐漸形成穩定的相處模式。比如，遇到問題時怎樣一起解決；吵架時誰來安撫誰，誰先認錯；出去玩由誰來安排行程……雙方都已經形成了默契。

一段健康穩定的關係，需要兩個平等的人透過真誠地交流和不斷地磨合，最終找到一個雙方都滿意的平衡點，並且這個平衡點能夠隨著現實情況的改變，隨時進行調整。這樣的關係就像一座堅固的堡壘一樣，帶給雙方支持和安全感。而不健康的關係，則會讓雙方在不知不覺中漸行漸遠。

舉個例子，恐懼型和疏離型的兩個人組合在一起，很容易形成「你追我跑」的關係模式。在這樣的關係模式中，恐懼型的人因為猜忌多疑，害怕被拋棄，會變得越來越依賴對方，越來越在乎對方，會無條件地對對方好，時時刻刻擔心對方，想要一直賴著對方，來確保自己的「安全」。

這樣的行為很容易使疏離型的人下意識地選擇逃避。他很容易把對方的依賴當成壓力，把對方的付出看作一種變相的索求。所以，對方越是追得緊，他就越是逃得快。而他越是想逃，對方就越是想追（即使是很多安全型的人，也容易被疏離型的人引導出恐懼型的行為模式）。

這會形成一種關係上的不平等，最終逃的人會占據關係中的高位。因為追的人太過依賴他，時刻有求於他。於是在生活中，追的一方永遠是無條件付出的，是吵架時先道歉的，是痛苦時一個人默默承受的。

但遺憾的是，這些付出都是沒有意義的。在一段不健康的關係中，兩個人都很痛苦，追的一方一直覺得自己的付出得不到回報，而逃的一方一直感到自己壓力如山，又得不到理解。

當一段關係建立以後，我們就會不經思考、下意識地按照過去的模式與對方相處——你越追，我就越逃；吵架了就認錯，認錯了就能被原諒。一次次以消耗感情的方式處理同樣的問題，卻對問題的根源視而不見。我們會認為慣常選擇的那個選項是最安全的，即使它是錯的，這就像有些人明知抽煙有害健康卻還是戒不掉一樣，因為習慣了。

在這樣的循環中，我們都在不停地以同樣的方式對待對方。於是漸漸形成一個認知：他（她）就是這樣一個人——只要出現了問題，他（她）就會這樣處理；只要發生了這樣的事情，他（她）就會有這樣的表現；他（她）永遠都無法真正理解我；他（她）永遠只會逃避問題……

有問題的關係模式，會不斷帶給雙方負能量。一方感到心酸，另一方感到疲憊；一方感覺自己在燃燒，另一方感覺自己在結冰。雙方都感覺自己不被對方理解，於是彼此漸行漸遠。

◆◆◆

為什麼一種關係模式很難改變呢？因為我們給彼此貼滿了標籤，認定對方就是那樣的人，不會有改變的可能。

我們產生這樣的想法，代表著我們自己也不會改變。但事實上，人生是一個動態發展的過程，每個人都像河流一樣不斷流動、不斷前進，是可以改變的。任何一種關係模式的改變，都離不開雙方共同的努力。

在每一段不健康的關係中，矛盾的兩個人都會認為自己才是那個不被理解的人，是最痛苦、最辛苦的那個。彼此都認為自己付出了太多太多，但是這些付出都是無效的、負向的。他們認為自己努力過了，只是對方不願意改變，不願意配合。但事實上，他們可能並沒有真正地做出改變。

比如，其中一方可能會對另一方說：「讓我們來一起解決我們的問題，這次吵架到底是因為哪裡出了錯。」他以為自己在認真解決問題，但在對方看來，他仍然處在某種情緒中，只不過是站在關係中的高位，在向處於低位的人討要「認錯」的表現——他只會敷衍了事，並不是在認真解決問題。

反過來，處於低位的人的消極回應，在對方眼裡就成了不願意配合、不願意好好解決問題的表現。於是這種不健康的相處模式再次強化。

再比如，一方難過地問另一方：「為什麼你不願意真誠地對我？為什麼你不願意再相信我？」他單純地認為，只要對方能夠改變，能夠坦誠地面對自己、相信自己、什麼都告訴自己，一切就能好起來。

可他不知道的是，他在問出這樣的話時，心中充滿了焦慮和恐懼，而這些情緒只會讓對方更加沒有安全感——他正在將對方遠遠地推開。

在一段關係中，兩個人必須同時努力，且有一方相信對方可以改變，然後自己率先改變。這樣才能打破舊有的不良的關係模式，讓這段關係有改善和重建的可能。

一段健康的親密關係，需要關係中的雙方做到以下幾點：

第一，平等。你愛他（她），並不只是因為你愛他（她），而是因為他（她）也愛你。平等的關係是健康的親密關係的基石，意味著你們能夠尊重彼此。

第二，自我尊重。在任何一段關係中，你都要尊重自己的感受，能勇敢地為自己爭取權利，說出自己的需求和不滿。只有兩個人都感覺舒服的關係，才是健康的關係，而不是任何一方去卑微地默默隱忍。

第三，寬容。在一段健康的關係中，最重要的不是默默付出，而是學會真正的寬容。你能夠堅定地跟對方站在一起，為對方考慮；即使看到了對方靈魂裡的陰影和污垢，依然願意接受和愛對方。

第四，坦誠。要做到坦誠，你必須把自己最真實的想法告訴對方，同時學會稱讚對方，鼓勵對方，為對方帶來積極改變的力量，讓對方能夠感覺到跟你在一起會變得越來越好。

第五，成熟。成熟就是互相教會對方如何解決問題、改正錯誤，建立真正的安全感；成熟就是不去控制，而是為愛而克制，不再輕易傷害彼此……

◆◆◆

每個人都希望自己能夠擁有健康的親密關係，能夠得到完整和無條件的愛，可並不是所有人都有這樣的好運氣。

對於大多數人來說，在親密關係中總是會遇到各種各樣的問題。我們會逐漸發現自己的性格缺陷，可這並不怪我們，因為這並不是我們自己能夠決定的。我們能做的就是改變現在。

等到終於成長為一個成熟的大人時，或在未來面對自己的孩子時，我們能夠用自己的改變去影響身邊的人，把一份健康而完整的愛傳遞出去。

改變一個人和一段關係，都是非常困難的。但是最難的是看清問題的本質，然後走出第一步。因為當你感覺到成長和改變所帶來的快樂時，就會不自覺地加快腳步，從過去那個陰暗寒冷的角落，飛向人間溫暖的陽光裡。

願我們都能獲得滿分的愛。

其實主動並不難

相信每一個自卑、自厭的人，都看過很多所謂的改變方法。無非是接受自己、接受過去，或者給自己安全感和一些積極的暗示等等。

我自己也寫過這類文章，這些方法確實會對一些人有一定益處，但大部分的情況下，人們只是在讀的時候感覺很受用，之後並不會真的有多大改變。

雖然知道怎樣做對自己有益，怎樣做能夠讓自己變得更好，但是等到在現實中面臨問題時，又會選擇那個早已習慣了的、自以為安全的選項。

理論指導永遠無法真正帶領一個人完成

轉變。所謂的那一套改變方法論，並不能當作人們改變的參考範本。一個過不了內心的坎的人，一個心底無比厭惡自己的人，即使多次暗示要接受自己，對著鏡子說再多自欺欺人的話，也無法幫助他真正改變。

想要在現實中得到改變，就必須參與現實。

眞正能幫助你改變的，其實是欲望——你要喚起自己的欲望。

大部分自卑、自厭的人面臨的最大問題就是習慣逃避。他們不相信自己可以得到自己想要的東西，可以做成想做的事情，可以配得上自己喜歡的人。

自卑、自厭與現實中的逃避、退縮形成了一種互相助推的關係——你明明想要，卻因為畏懼未知的結果而懦弱地退縮，這樣的自己當然會被自己討厭；而你越是討厭自己，越容易降低自我價值感，甚至選擇逃避和退縮。

◆◆◆

想要依靠自己意識上的覺醒，主動地選擇改變，並不容易。因為自卑和自厭其實都是你自己的選擇。

你知道它們是錯的，但你需要它們，你需要在你一次次退縮和放棄的時候，給自己一個合理的解釋。

如果能回到過去，我最想告訴自己的不是「你要接受自己」，而是「你如果想要，就要去追，去做，去堅持到底。」

如果當初的我能夠稍微主動一點，能夠開口說幾次「我想要」，那麼很多事情都會變得不同。

想要在沒有任何外力作用的情況下改變自卑、自厭的心理，就要在下一次面臨選擇時，不顧一切地強迫自己去選擇未知的、更危險的那個選項。只有多嘗試幾次，才有改變的可能。

想要變得更受歡迎，就先把自己打扮得更漂亮一些，去跟那些你原本一直遠遠望著的人打成一片。想要得到某樣東西，就努力去爭取，不要明明想要卻壓抑自己的欲望。遇到了一個很喜歡的人，就勇敢去追求，如果總要有一個人站在他（她）身邊，為什麼不能是你呢？

◆◆◆

有一個重度憂鬱症患者，他沒有精力做任何事。他躺在床上，想著要不要起來穿衣服。「嗯，起來穿衣服需要三步：第一步，起身；第二步，把衣服拿起來；第三步，把衣服穿上。」一想到穿衣服需要三個步驟，他就覺得好可怕，認為自己根本做不到。「算了，就這麼躺著吧。」他這樣想著。

如果這個時候有人跟他講道理，告訴他：「天哪！你怎麼可能不會穿衣服？」、「穿衣服是最簡單的事情，你一定能做得到啊！」、「你一定要努力改變才能好起來啊！」請問，這些道理對他有用嗎？

當然沒用。這些道理他完全明白，但是他是以自身感受為判斷標準的，他清楚地感受到自己是多麼疲憊，多麼無力。這種真實存在的感受遠遠強過你空洞無力的道理。

應該如何讓對方改變呢？你要一邊幫助他，一邊告訴他：「來，我們慢慢坐起來就好了。」、「你看，你已經成功坐起來了，很容易，對吧？」、「衣服就在這裡，拿起它們，它們很輕，對吧？」、「來，把手伸進去就好了。」、「看，你已經成功穿上了衣服，它並沒有你想像的那麼難，對吧？」

當他做到這件事以後，就會驚訝地發現，確實一切都沒想像的那麼難，原來他並不是什麼都做不了。於是，他便得到了一個正向回饋，然後會去嘗試更多的事情，再得到更多的回饋。久而久之，改變就發生了。

讓我們來對比一下兩種方法：

第一種，講道理↓「我明白，但我無感」↓拒絕改變。

第二種，行為↓感受↓講道理↓「我懂得，並且願意改變」。

我們總是很喜歡說教，很喜歡講道理，總會說「有一天你就懂了」、「總有一天你會後悔的」。或許他們有一天真的會懂或者後悔，但是這些道理對他們當下的狀況而言，毫無意義。

◆◆◆

我曾有過很多次選擇的機會，卻從來沒有為自己爭取過一次。

當我看到過往人生裡一大片一大片的空白，甚至連個落腳處都找不到時，不得不承認自己心存遺憾：我內心世界裡的風和日麗或者怒浪滔天，全都無人知曉。

我知道對於一個自卑、自厭的人來說，面對失敗和被拒絕的可能，是一件多麼恐怖的事情；我知道對於一個自卑、自厭的人來說，尷尬和出醜是一件多麼傷自尊的事情……他很可能會崩潰或者從此一蹶不振。

可這個世界的真相是：對於每一個有自信的人來說，他們的自信都源自這種「對未知的適應」。讓他們真正有自信的不是他們擁有多少，見識過多少，而是在面臨新的未知時，懂得如何處理和適應。這種能夠訓練出來的能力，讓他們熱衷於一次次挑戰和追逐自己的目標。

你只要敢一步步走出去，就會發現最偉大的治療師其實是客觀的事實。一切並沒有想像的那麼可怕，你想像中不可承受的結果並不一定會發生，你認為自己絕對做不好的事情有可能做好，原來你覺得配不上的東西其實可以大膽地追求……

◆◆◆

你想要，你選擇，你得到。

每重複一次這個過程，就會向自信和自愛更靠近一些。想要改變，就要去做，這就是最真實有效的方法。

學會接受自己最真實的欲望，去大膽地為自己爭取，堅定地相信自己配得上所喜歡的任何東西，你也會被自己喜歡的。

「普卑男」的人生

「為什麼他這麼普通，卻可以這麼自信？」這是很多人對「普信男」的疑問。

身為一個普通的男人，我也很不理解這一點，因為我根本不懂自信是什麼。我自卑，自卑到骨子裡。

從小我就看著這樣的普信男，拿著只有四十分的考卷，在班裡快樂地跑來跑去。而我則把自己六十分的考卷藏到抽屜裡，不敢抬起頭來。老師和家長都會指著這樣不懂事的孩子，語重心長地跟我說：「小城啊，你雖然不優秀，卻是個老實的孩子，千萬不要跟他們學壞了。」

於是我開始跟他們劃清界線，對他們充

滿鄙夷。我看著他們穿著奇裝異服，燙著不良少年的髮型，輕佻地對著女同學吹口哨。

「臉皮真厚！」我無數次替他們感到尷尬與羞恥。

「為什麼他們那麼普通，卻可以那麼自信？」我不懂。

高中時，我喜歡班上一個女生，但我不敢告訴她。因為她太美好了，不但長得好看、成績好，就連性格也很溫柔。我總會偷偷地看著她的長髮發呆，幻想著有一天能跟她說上幾句話。我還會在她得獎的時候由衷地為她拚命鼓掌。

我對她做過最大膽的事，就是在她走路時偷偷丟下一張白紙，讓她踩上去，回家後一遍遍臨摹她的鞋印。還有在冬天起霧的玻璃上偷偷寫下她的名字，又馬上擦去。

那時候她晚上補習，回家時有一段暗路要走，我會隔著兩百公尺的距離跟著她，直到她走完那段暗路，走進暖黃色的路燈裡。我會遠遠地站在黑暗裡，目送她遠去。

我不敢走進燈光裡，是擔心她看到我會害怕。我曾無數次地幻想，如果有一天她遇到壞人，我會不顧一切地衝上去保護她，哪怕為她死都心甘情願。

直到有一天，我真的在黑暗裡看到一個黑影向她靠近，當我準備不顧一切地衝過去時，我看到她已經跟那個黑影擁抱在一起。

那個男生的名字我已經忘記了。我只記得，他長得不高，成績一般，家境也普通，可就是那麼自信。他就是老師與家長口中「不要學」的典型。他就是那種穿著奇裝異服、燙著不良少年髮型、輕佻地對著女同學吹口哨的人。

我討厭他，明明那麼普通，那麼差勁，那麼厚臉皮，卻可以「搶走我的一切」。

◆◆◆

我是一個既普通又自卑的人，我身邊的人都知道這一點。對於我這個自卑的可憐人，人們總會更寬容一些。「你很棒啊，現在像你這麼沉穩的人已經很少了。」、「你至少不是一個壞人啊。」、「跟你相處很愉快。」……直到後來，我才意識到，這是一種充滿同情、憐憫的客套話，相當於一個人對我說：「哦，真是個小可憐。」

於是我很虛心地交了一個普信男朋友，只不過我們的友誼非常短暫。他就像多年前「搶走我一切」的那個男生一樣——那麼普通，卻又那麼自信。我誠懇地向他請教，他身上這種自信到底源於何處。

他答道：「我也自卑過，我明白的！可是像我們這種普通的男生，根本沒得選。如果你連自信都沒有，那你就什麼都沒有了。」

◆◆◆

如果說盲目自信是一種過錯的話，那麼自卑就是一種罪孽。

正是自卑讓我單身多年。當有人問我為什麼單身時，我告訴他：「因為我既普通又自卑。」

有自信的男生回憶自己第一次對女生表白時，會想起美好的過去，嘴角也會不自覺地向上揚起。而我只是想像一下那個場景，想像一下我對一個女生說「我喜歡你」的畫面，就會有一種強烈的羞恥感。

有自信的男生在想「她是不是喜歡我」的時候，我只會想「她會不會覺得我喜歡她，然後覺得我真噁心」。

當一個人自卑時，會覺得自己的喜歡、自己的想法、自己的一切都是羞恥的。任何一種形式的自我暴露，都會感覺自己像一隻被暴露在陽光下、骯髒醜陋的臭蟲。

◆◆◆

有一次，一個女生問我，網路上那些吐槽普信男的段子有沒有讓我覺得被冒犯，我會不會生氣。我毫不猶豫地連說了三個「沒有」，她聽後哈哈大笑。

身為普卑男的我當然不會生氣，甚至很樂意加入對普信男的討伐中：「太沒有自知之明了，臉皮真厚！」

可是，討伐之餘，我猛然覺察到：普信男至少有自信，普卑男卻連自信都沒有。

普信男明明一無所有，卻敢以一副「我是天下第一」的姿態站在別人的面前。而普卑男卻連站在對方面前的勇氣都沒有，只會默默地付出，期待著有一天對方能發現自己的付出，然後給自己一點點回應。

普信男被人吐槽，普卑男卻連被吐槽的機會都沒有。

◆◆◆

不要幻想只要默默付出，就會有人把你想要的東西放在你的面前。為了得到想要的東西，你要敢讓自己處於可能被傷害的環境中。

你想要，就要說，就要去靠近，就要去為之拚搏。人生本就是一場放手一搏的冒險遊戲，這個世界屬於它的參與者們。

畏懼幸福的人永遠都無法得到幸福，你的一次次發狠和自虐都只是變相的逃避，強烈的羞恥心只是禁錮自己的牢籠，無私退讓和精神滿足只是不敢正視欲望的自我安慰。

當你在參與世界的過程中，逐漸堅定自我，認同自我，那份自卑感就會煙消雲散。你會以真實的自己來面對世界，用喜歡的方式得到喜歡的東西。

這才是這個世界的樂趣所在。

Part 4

找回你的內在力量

當生活不像我們想像的那樣順利時，
我們要學著去調整自己。
如果你因為一件無力改變的事而痛苦，
就降低這件事在你心中的重要性；
如果你因為欲望得不到滿足而備受折磨，
就讓你的欲望得到昇華。

最終
你要靠自己的力量前行

我曾經幫助過一個朋友，在她最想放棄自己的時候把她拉了回來。

在那之後，她開始連續不斷地向我求助。本著「幫人幫到底」的想法，我一直耐心地回答她提出的每一個問題，並且不斷地想辦法開導她。

但是一段時間後，我發現一個問題，對方的求助變得越來越多，甚至讓我有點不堪重負。每次在我開導她之後，她會有一點好轉，可是過不了多久，她的情緒就會變得更加低落。

我那時候的想法很簡單，覺得既然對方

需要幫助，我就去耐心地幫助她。但是我逐漸發現自己錯得離譜。

看似我是在好心地幫助她變好，可事實上，我剝奪了她自我成長的能力。在她處於低谷的時候去幫一把是沒問題的，但是不論問題大小，無條件地去幫助她，問題就大了。

一個人有了依靠以後，就會失去前進的動力。習慣什麼問題都向別人求助，就會失去主動思考的能力。

於是我開始拒絕開解她，讓她自己思考。一開始她表現得很不適應，覺得是我不耐煩了，不想幫她了，於是變得更加痛苦。

我也擔心對方是否會再次想不開。過了一段時間，她終於開始主動以自己的方式去面對問題、解決問題。

◆◆◆

那個時候我忽然意識到，如果沒有超出能力極限的話，每個人其實都能自我治癒。而無條件地幫助，則像那些對孩子無微不至的家長一樣，認為孩子什麼都做不了。無論孩子做什麼，他們都會非常擔心地阻止他，然後選擇替他去做。

這樣做就是在剝奪孩子成長的能力，會害了他，讓他變得什麼也不會做，做不好。對一個孩子而言，你應該適當地讓他獨立去面對困難——即使他做得不夠好也沒關係。

同樣，對於那些陷入憂鬱的成年人來說，你能給予的最有效果的幫助不是成為像父母一樣的依靠，而是能在他們處於低谷時扶他們一把，在他們迷茫時為他們指明方向，在他們恢復力量時選擇及時鬆手。

一個好的引導者，絕對不是一個替人做決定的人。

◆◆◆

我接觸的人越多，就越喜歡做傾聽的一方，遇到的求助者越多，就越喜歡用問句回覆他們。

有人面臨困難時向你求助，你滔滔不絕地把事情分析了一遍，然後果斷地告訴他「就這麼做」。表面上他被你說通了，也按照你說的做了，事情也解決了，但同時，他成了你意志的執行者。

他再次面臨問題時，只會再次向你討要答案，這對他並無好處。好的引導者會花更多的時間去傾聽，尋找他的問題背後的潛在原因，會用更多的問句去引導他思考，幫助他更加瞭解自己。

儘管他在痛苦無助的狀態下會非常依賴你，但你除了提供精神支援，更應該像一面鏡子一樣，使他在你這裡得到梳理自己的機會，主動找出屬於自己的那個答案。

◆◆◆

事實上，每個求助者的內心都有自己的答案。只是在情緒等條件的干擾下，他們沒辦法客觀、整體地看待問題，或是在答案前面存在一些需要幫助才能移除的障礙。

而引導他們聽從自己的內心，選出屬於自己的答案，即使那個答案是錯誤的，客觀上對他並非那麼有利，也比直接給他們一個所謂的正確答案更加有意義。所以好的引導者應該只提供一個工具，讓對方藉此走得更輕鬆，而不應該讓自己成為主導者，拉著對方走。

這個世界上沒有任何一個人可以在不依靠自己力量的情況下真正獲得成長。每個人最終都只能依靠自己的力量前行。

被憂鬱籠罩時，會被悲觀、無望的情緒控制，會暫時低估自己解決問題的能力，在自卑、愧疚、厭惡自己等想法中內耗。我們應當有獨立的思考能力，找到屬於自己的答案，而不是一味地求救和向別人討要答案。

只有自己想要變好，能夠主動面對問題，才能夠真正變得更好。

這不是在告訴你現在應該做什麼，而是希望你知道，無論過去的你經歷過什麼，請給現在這個脆弱的自己更多時間，不要急，更不要肆無忌憚地傷害和責怪自己。

當他好好休息了以後，就會有力量站起來，最終解決所有問題。

如何獲得自我內外的和諧

有人說，要不留遺憾地過完一生。可是人生如果沒有遺憾，那得多遺憾啊。

有人說，要按照自己喜歡的方式度過一生。可人是在不斷改變的，今天喜歡的生活方式，搞不好明天就不喜歡了。

有人說，要成功，要富有，要幸福，要自由，可在經歷一連串現實的打擊之後，信心全無，終於決定「我就這麼得過且過吧」。

很多人奢望擁有完美的人生，可這個世界上根本不存在什麼完美的人生，因為你的每一次選擇，都是另一種放棄，你的每一次得到，都是另一種失去。

得到或者失去，成功或者失敗，面臨一個個選擇或者意外……這一切都是我們人生的一部分。沒有任何人能夠準確地告訴你，你必須去做什麼、選擇什麼、改變什麼，然後就能得到完美的一生。

你輕輕鬆鬆地坐纜車到達山頂，就無法體會到靠雙腳爬到山頂時的那份感動和欣喜；你總是孤獨一人，就無法體會到群體的快樂；你敏感多慮，就無法體會平淡生活中的樂趣……

人生是你一次次做出選擇，並去體驗的過程。就生命體驗而言，我覺得最幸運的人生就是：獲得與自己相符合的教育，擁有自己認同並堅持的行為習慣，明確地知道自己想要的是什麼……剩下的就只是做選擇罷了。

◆◆◆

一個痛苦的人，想要改變自己的生命體驗，需要做的並不只是單純地努力變好，也不是慌不擇路地奔跑，聽到別人說什麼好就盲目地相信，而是要獲得自我內外的和諧。要獲得自我內外的和諧，首要的就是保持清醒，清醒地認識「我與世界的關係」。

生活在這個世界上，我們會受到太多因素的影響。我們童年的經歷、接受的教育、家庭狀況、文化素養、身體狀況等因素，使我們變成複雜的人，讓我們擁有了獨特的行為習慣。

然而，因為我們在成長過程中還沒有形成完整的獨立意識，沒辦法清醒地認識自我並主動做出選擇，所以只能被動地接受外界施加給我們的東西。這些東西會透過不同的方式影響我們，甚至成為我們的一部分。如果它們並不適合我們，我們內心就會產生矛盾，感到痛苦。

只是我們不會認為自己有問題，因為當我們養成了這樣的行為習慣，並且保持多年之後，一切已經變得理所當然了。比如一個實際上喜靜的人，接受的教育是要善於交際，於是，他即使感到痛苦，也會按照他的行為習慣，微笑著去照顧每個人的感受，甚至連他本人都會誤以為自己是一個活潑且善於交際的人。

我們誤以為自己是一個怎樣的人——多麼可怕的一件事！這就好比我們的大腦被另外一種意識占據了。

我曾經堅定地認為自己是一個無欲無求，對世界不抱任何期望的人。那幾年我表現得就像一具行屍走肉，整天昏昏沉沉的。後來我完整地分析過自己，發現那是我過去的某些經歷，以及當時的身體狀態替我做出的選擇。在那幾年，我篤定地認為自己就是那樣的人。

永遠都不要輕易地定義自己。活在這個世界上，會被太多的因素左右。我們被群體效應影響，被種種規範束縛，明裡暗裡被灌輸了各種觀念……所以要時刻保持清醒，不時地審視自己。

但是不可避免地，我們很可能已經養成了許多錯誤的、病態的，或者與自己相違背的行為習慣。這些行為習慣導致我們無法發揮自己的優勢，導致我們把事情搞砸，導致我們變得焦慮和痛苦。

如果你長期地、頻繁地感到痛苦，那並不意味著你運氣不好，而是意味著你的行為習慣與本我相矛盾。你要做的是修正自己行為習慣中那些不符合本我的部分。

從今天起，你要把自己所有的選擇都記錄下來，記錄一件事情發生時你的想法和做法，以及這件事帶給你的體驗。

你要找出那些不經思考就下意識做出的「強迫性選擇」，以及那些讓自己矛盾和不舒服的選擇，然後回溯自己的過去，找出你的哪些經歷或者性格的哪些部分造成你這樣的行為習慣。

我曾經認為，一切行為都是我主動選擇的結果，甚至為之自豪。後來我用了相當長的時間去修補自己，深入地剖析影響自己的所有因素，每一次做選擇前都與自己辯論一番，理性地分析自己的問題所在，並設想一個成熟的人面對相同的問題會怎樣處理，而這些使我能夠保持清醒。

◆◆◆

當你能夠認清自己，並且建立起一套與自身相配的行為習慣以後，你往後的生命體驗都將極大地改善。但是做到這一步並不容易，這涉及一個話題——堅定。

堅定代表的是你自己的力量，它決定了你敢不敢去面對問題，然後自我選擇。雖然錯誤的行為習慣使我們非常痛苦，但是多年的重複使其成為我們的舒適區。

我們以「自己不夠好」為藉口，以為自己只要變得優秀、取得成功，一切問題就能迎刃而解。但事實上，我們只是不夠堅定，在錯誤的行為習慣面前不斷地妥協。

你可能知道做出新的選擇會讓自己更舒服，但是偏偏對它視而不見，以各種藉口搪塞自己。你告訴自己那是錯覺，不要那麼自私，要為別人考慮，要承擔責任……你可能受某段關係或者某個環境的影響，不斷地重複錯誤的模式。

比如，一個不斷傷害你又不時對你好的人，或者一個讓你害怕到只能不斷妥協的環境。雖然不斷重複錯誤的行為習慣，讓你感到痛苦，但你因為對某個人的依賴，或者習慣性地妥協，一直沒辦法真正改變你的生命體驗。

當我意識到自己的自我價值感極低以後，我開始嘗試去建立自己的自尊心。我學著坦然接受別人的好意，不斷地告訴自己：「你值得。」我學著去麻煩別人，主動說出我想要什麼。這對曾經的我來說是不敢想像的。

◆◆◆

你必須意識到，如果想要獲得自我的內外和諧，就必須擺脫對過往習慣的依賴。你必須面對問題，堅定地做出自己的選擇，這樣才能解決根本問題。

很多人想努力變好，卻沒辦法變得更好。那不是因為毅力不夠，或者吃不了苦，而是因為他們在以錯誤的行為習慣生活著，這讓他們內心產生了大量焦慮和悲觀的情緒。他們把大量的精力都浪費在自我消耗上，所以才無法變得更好。

當你清醒地看清這個世界，建立起一套與世界、與自己和諧相處的思考方式，並且堅定而清楚地知道自己想要的是什麼以後，變好是水到渠成的事情。

比「擁有」更有力量的是「失去過」

曾經有段時間，我在醫院陪舅舅住院治療，其間我遇到許多病人。在這些病人中，讓我留下印象最深的是舅舅鄰床的一位年輕人。

他二十四歲，長相清秀，罹患白血病，化療使他失去了頭髮。我之所以對他印象深刻，是因為他幾乎不活動，也不說話，整個人一直以一種固定的姿勢躺在那裡，像服飾店裡的模特兒假人一樣。

由於生病，他雙腿的肌肉都已經萎縮了，這令他無法走動，所以父母每天都會幫他捏腿。每天餵飯的時候，他都不坐起來，無神的雙眼盯著天花板，嘴巴機械地咀嚼著。

那是個充斥著絕望的地方，在電梯、走廊或其他地方，我隨時都能聽到人們的談話聲。有時候我只需聽清零星的幾個字，就能想像到整個家庭有多艱難。但就是在這樣一個絕望的地方，我偶爾能在一些人身上感受到不一樣的力量。

許多罹患重病的人或是剛剛患病的年輕人都會陷入痛苦和絕望中不能自拔，而那些「老病人」反而看得很開。

比如我舅舅，他以前的工作是爬樓梯替人送桶裝水，送一桶水才賺幾塊錢。後來他做清道夫，凌晨四點就要起床掃街，一個月才賺幾千元。他跟我外公外婆住在一起，一邊照顧他們，一邊還要養老婆和孩子。他生了重病後，生活一下子雪上加霜。剛生病那年，他整個人瀕臨崩潰——精神上的痛苦、對世界的埋怨、對家人的愧疚、對生活的無力，都讓他絕望至極。

直到他成了「老病人」，他的身上開始透著一種「輕鬆」的感覺。他不像最初那麼沉默寡言了，變得非常健談，跟病房中鄰床的人聊天，或者跟護理師開玩笑，完全不顧忌自己的病，整個人非常坦然。他好像把身上的壓力全部都卸下去了，那些痛苦、埋怨、愧疚、壓力……都不重要了，他變得非常強大。

◆◆◆

我們在面對死亡的威脅時，通常會經過五個心理階段：拒絕、憤怒、掙扎、沮喪、接受。

而在面對突如其來的死亡威脅時，我們就會完成一次「邊界體驗」，即我們被這種突發的死亡威脅震出了自己的日常性，將注意力轉移到「存在」本身。

從拒絕到接受的過程中，我們會一層層地解開自己的枷鎖，從生活的圈子裡走出來。我們在社會和家庭中扮演著許多角色，但是現在首先扮演的是自己——一個人，這成了最重要的事情。

當人們將注意力放在自己的「存在」本身時，似乎一切都不重要了，他們開始不再那麼在意自己擁有什麼，彷彿生死之外都是小事。

事實上，我們在生活中面對的許多「失去」，都需要經歷從拒絕到接受這樣一個過程。比如失敗、遭受打擊，我們可以從這些失去中獲得強大的力量。

尼采說：「但凡不能殺死你的，最終都會使你更強大。」這並不意味著我們在面對失去時要多麼堅強、勇敢地與它正面搏鬥，而意味著能夠學會接受。

所謂接受，不是無視痛苦的存在，而是順從自我，卸下壓力，從你扮演的各個角色中走出來，將注意力集中在你本身的「存在」上。

比「擁有什麼」更有力量的是「失去過什麼」。

◆◆◆

誠然，那些痛苦的「失去」讓我們不願意回憶和面對，但當你真正接受這件事的時候，它就會成為你的力量之源。從此，任何「不如那一次痛苦」的失去，都將變得微不足道。

我們可能沒有別人擁有的多，但是我們所失去的是他們遠遠無法想像的。正是這種「失去」，賦予了我們的「得到」更多的意義，也賦予了我們更加具體地體驗人生的契機。

我們都曾有過身陷深淵，求救卻得不到回應的時刻。總有一天，當我們學會接受失去，失去就會成為我們的底氣，時刻提醒我們：「一切都沒什麼大不了的。」

在我快離開醫院的時候，我竟然看到鄰床的年輕人在玩手機。手機裡傳來叮咚叮咚的聲響，聽著應該是某類競速遊戲。

他那雙往日無神的眼睛，此刻正專注地盯著螢幕，裡面反射著手機發出的光，很好看。

接受自己，是堅定地支持自己去「犯錯」

如果你的朋友愛上一個渣男，你會怎麼做？

你會耐心地勸她，告訴她對方是個不可靠的人，別去主動尋求傷害，別繼續犯傻？還是理性地為她分析各種得失和利弊，又或是痛罵她一頓，逼著她刪了對方的聯繫方式？

事實上，她向朋友尋求意見時，潛意識中已經有了答案。她會不斷地問不同的朋友，直到得到自己想要的答案為止。所以她想從你口中聽到的其實是「那個人雖然有些問題，但還可以給他一次機會，或許你能改變他也說不定」之類的話。

你要幫她，就不要簡單地提醒她前面有個洞，而要在她摔痛了以後，慢慢地把她拉出來。這樣等以後再遇到一個坑，她自己就會想起動，然後選擇主動繞開。

這世上的大部分道理，都只能用親身經歷去證明，不能全憑他人指引。真正能夠指引我們不犯錯的，正是錯誤本身。

所以面對自己內心的答案時，在堅持底線的前提下，別怕錯，甚至要勇於推自己一把。

◆
◆
◆

我有個朋友，因為家庭變故，變得缺乏安全感，把錢看得很重。身邊的人經常勸他，不要把錢看得太重。可這些話對他一點用也沒有。

別人的勸說，跟他因自身經歷所形成的觀念相比，是多麼無力。但是這些主流的道理——不要太重視錢——不斷地干擾著他，讓他對自己真實的感受產生了懷疑，引發了內心的矛盾。

我想說的是，在這個世界上，每個人都有特殊的地方，只有自己能夠接收到自己完整而真實的感受，這些感受才是我們最真實的指引。哪怕它們可能暫時是錯誤的，跟主流或身邊人口中的道理不符，你都應該堅定地去接受它、面對它。

看重錢不一定是壞事，無論別人怎麼說，都不要懷疑自己的感受，更不要感到羞愧，因為你的觀念是你不可逆的經歷帶給你的，是有依據的。你需要它，你要把它具體化，變成當前的目標，並去努力達成。直到它不再是你安全感的來源以後，你自然可以跨過它，去追求更高層次的自我實現。

很多時候，最大的敵人不是錯誤本身，而是你想要改變錯誤的意願。它會使你把問題複雜化，讓你產生額外的對抗和焦慮。人生本就沒有什麼固定的活法，更沒有一蹴而就的捷徑。所以請你接受自己最真實的感受，允許自己與主流不同，去做你當下想要去做的事情，別怕路遠，別怕孤獨。

◆◆◆

我的一位女性朋友，曾經因為人際關係方面的困擾，找心理諮商師進行了一年多的心理諮商。其間有一段時間她的狀態非常好，她會每天做一些有意義的事情，不去胡思亂想，不為社交活動和人際關係而焦慮……可是在結束心理諮商以後，她又變回了之前的樣子。她問我為什麼那段時間她的狀態可以那麼好。

我在幫她整理分析了一遍以後，歸納總結出其中的原因。簡單來說，就是她的諮商師採用一系列幫助她獲得正向回饋的辦法，讓她暫時進入了一個較好的狀態。可是，這些讓她獲得正向回饋的辦法，效果是快速遞減的。於是她很快又失去了那個狀態。

她的諮商師知道健康的人是什麼樣的，所以幫助她去靠近那樣的狀態，這確實對她有很大幫助。但後來這個辦法沒用了，那是因為她沒有從心底真正接受這種生活方式。

如果長期處於痛苦中，就會將痛苦當作自己的安全區，只有學會慢慢地接受它們，放下它們，才能真正開始積極地面對生活。在那之前，刻意地靠近和模仿，都不能讓我們與黑暗和解。

◆◆◆

在我們成長的過程中，很多所謂的「人生導師」都在試圖讓我們相信那些

「正確」的生活方式。他們一味地向我們描述一個人應該有的樣子，卻沒有告訴我們，在成為理想中的樣子之前，我們需要經歷多少困難，會犯多少錯誤。

事實上，我們能夠做好的事情，都是我們真正主動想要去做的事情。

比如一個成功的人，你不知道他做過多少自己不喜歡的工作，經歷過多少艱難的時刻，又如何找到了自己真正喜歡的事情，最終進入正循環。我們死盯著他的成功和自律的生活方式，咬牙逼自己去模仿和靠近，當然無法獲得真正的改變。

很多人都太害怕失敗了。而真正通向成功的路，歷來是由一次次犯錯鋪成的。一個人正是因為犯過錯，才會懂得什麼是重要的，什麼是對的。

所以我希望，你能夠堅定地勇敢前行，不怕犯錯，追隨自己的內心，直到找出自己心底的答案，找到與這個世界最適合的相處方式。

不要與樂觀為敵

一個人遭受痛苦的折磨時，會得到這樣的回饋：「你為什麼不能樂觀一點呢？」、「你能不能積極一些呢？」可是一個人如果能夠積極樂觀起來，誰又願意承受痛苦呢？這類看似好心的回饋，卻往往會遭人反感。漸漸地，我們開始迴避和厭惡這樣的「風涼話」，甚至開始厭惡所有所謂的「正能量」。

我曾經是一個非常悲觀的人，每當有人跟我提及「樂觀」、「積極」等詞彙時，我就會反感。

那時候的我，覺得樂觀只會讓人變得淺薄，會讓人在嘻嘻哈哈中失去思考的能力。

我還會覺得樂觀很多時候都是一種阿Q精神的表現——讓正在遭受痛苦的人保持樂觀，這是很可笑的。

那時候的我，堅信世界是殘忍的，所以聽到有人勸人樂觀，便會不由得生出一種敵意，認為他是一個不諳世間疾苦，淺薄且缺乏同理能力的人。

我在人群中獨來獨往，看到可以輕易開心起來的人們，便會生出一種疏離感。

我告訴自己要保持清醒，不要為了「快樂」而失去自我。

每當感受到負能量時，我就會毫不抵抗地去放任它們將我淹沒。我固執地認為，這樣才是真實而清醒地活著。與其勸人樂觀，我更樂於勸他們直視自己的痛苦。我甚至會去主動收集各種各樣的負能量案例，吸收各種各樣的痛苦，再將它們嚼爛了，整理並表達出來，便感覺到自己在這個過程中獲得了成長。

◆◆◆

在接觸了很多關於積極心理學方面的知識後，我的想法有了轉變。我開始發現，自己曾經對人類的積極性存在許多偏見。一提到「樂觀」、「積極」，當時的我最先想到的就是人和人之間的不理解，甚至是一些事不關己的風涼話，是貶低他人遭遇的惡劣行徑。

我之所以厭惡這樣的正能量，是因為它們實際上是偽裝成正能量的負能量。比如，大行其道的「成功學」，善於用膚淺的技倆煽動人們的情緒；純粹的享樂主義者，鼓勵人們成為欲望的奴隸；嚴重地脫離實際，認為人可以透過自己的「想法」，輕鬆地變成自己想成為的樣子……

在這樣的環境下，一個被痛苦糾纏的人，就會生出一種與世界格格不入的異類感。會因為自己處在孤立無援的境地而產生一種宿命式的悲觀情緒，於是對偽正能量產生敵對情緒，繼而蔓延到真正的正能量上。

當一個人開始無意識地與樂觀、積極、快樂等正面情緒為敵時，便落入了一個陷阱。他會壓抑自己所有的積極情緒和感受，並且被向內投射的「死之本能」*操縱，形成一種消極的強迫性思考。他能看到的只是自己的「與眾不同」，認為自己只是不願變成一個膚淺的享樂主義者。

◆◆◆

曾經的我便是如此敵視快樂。那時候的我認為快樂就是欲望被滿足的結果，我害怕被欲望驅使，害怕自己掉進無盡的空虛中，於是習慣性地壓抑自己

＊死之本能：在第一次世界大戰期間，佛洛伊德目睹恐怖屠殺和破壞行為，他感受到個體人格中存在著侵略、自我毀滅的本能，並稱之為死之本能。

的欲望，不相信可能性，消滅目的性，維持自我的獨立性。

我曾以為描述痛苦是一件充滿負能量的事情，但後來發現，**其實人們會在將痛苦表達出來的過程中感受到被理解，這反而是一件非常正能量的事情。**

很多時候，我們選擇消極面對一切，只是因為害怕期望落空，害怕努力了卻還是得到壞的結果，並非我們不想積極地面對生活。

事實上，積極是幫助人應對痛苦的本能，無論你自以為多麼消極，只要你繼續往前走，積極的念頭就會不斷地湧出來。

我想告訴那些自以為悲觀、消極的朋友，雖然在你們的世界裡有許多令人討厭的東西，但不要為了與討厭的東西對立而忘掉了自己的積極面，更不要對它們過度防禦。

為什麼勸人「樂觀點」會遭人厭？

因為「你為什麼不能樂觀一點」背後的意思是「你這個人怎麼這麼麻煩」，這並不是真正的積極。

如果把人比作容器的話，那麼積極帶給人的改變應當是容器本身的改變，而非向其中灌入什麼東西——不是往裡面灌入樂觀，而是要改變容器的形狀，讓它可以將樂觀留下來。

真正的積極帶給人的是現實的改變，是看待人生的角度的改變，是每時每刻所思所感的改變。

當我真正有意識地將它們應用於生活中時，我能夠感受到許多基於現實的，源於「此時此刻」的改變。一個人如果一路只顧著對抗痛苦，就無暇欣賞人生的風景了。

別讓

傷人的過往困住自己

你面對過比自己強大的對手嗎？

多年前我學散打時，因為身體不舒服，拒絕了教練的指揮。血氣方剛的他，把我的「不順從」當成了挑釁，在學員們熱身結束後，派他的徒弟跟我對練。

「我可能有點發燒。」我解釋道。「穿上！」他把護具朝我丟了過來。無奈之下，我只好穿上護具，跟他徒弟過招。於是大家圍成一圈，開始觀看我們對練。實際上，他那位徒弟的散打技術很棒，招式有模有樣，奈何年紀比我小，最終被我這個「門外漢」以力破巧，輕鬆放倒在地。

教練有些掛不住面子，我看到他穿上護

具，準備親手教訓一下我這個不聽指揮的人。在我還沒反應過來的時候，他已經一拳狠狠地打在了我的臉上。這一拳讓我整個人瞬間翻倒在地，大腦一陣眩暈。

「起來！繼續！」教練大聲地說。

那一瞬間我知道：這不是練習，更不是指導，而是一場實打實的戰鬥。

我爬起來開始還擊，但每一次還擊都被他一個側身輕盈地躲開了。在我每次出招的間隙，他趁機出拳，接連命中我的臉部。我從小累積的打鬥經驗，無論是在影視還是現實生活中學到的，在教練面前都毫無用處。不到半分鐘的時間，我的鼻子和嘴角就已流出鮮血。

「我不是他的對手。」這是當時我心裡唯一的想法。

他沒有停止攻擊，我又一次被他擊倒在地。這次他讓徒弟拿了些衛生紙給我，要我把血擦一擦。於是我脫下手套，將鼻子和嘴角上的血稍微清理了一下。「好了嗎？好了就把手套戴上，我們繼續。」他仍然不肯放過我。圍觀的學員們用憐憫的眼神看著我。

「好了，來吧！」我戴上手套，主動朝他走過去。

◆◆◆

第二回合開始了。

這一回，我迎來的是他一波狂風暴雨般的攻擊，而我則緊緊抱住自己的頭，不斷向後退。他一個中距離的「鞭腿」狠狠地踢在我的腰腹位置，使我幾乎騰空而起，接著撞在身後的玻璃牆上。在我的腦袋仍然處於眩暈狀態時，眼前突然出現了一個放大的鞋底，狠狠地落在我的臉上。

我倒在地上，嘴裡滿是塑膠鞋底的味道，這味道比打在身上的拳頭更令我憤怒。我放棄防禦，爬起來開始拚命地朝他進攻。

他的身體非常靈活，一般人即使打中了他，力量也會被他卸掉，還要承受他成倍的反擊。我抱著他的身體衝向牆邊，他立刻用一個側身勾腳將我摔了出去。那一瞬間，血的腥味夾雜著塑膠鞋底的味道，讓我產生了一種強烈的挫敗感。

我很清楚，這就是一場力量懸殊的戰鬥，我根本不可能打得過他。

「來啊，起來！」

我爬起來以後，發現自己的雙手開始止不住地抖。

「我在害怕嗎？我害怕被打嗎？我害怕打不過他嗎？」我在心中自問道。

接下來，當他再一次將拳頭向我揮過來時，我拚命地使自己睜著眼睛。這一次，我能清楚地看到他起步、側身、扭腰、出拳，直到疼痛感從我的臉部傳遍全身，我的視線都沒有離開過他。一種突如其來的興奮感點燃了我：「碰到這麼強的對手，我好開心呀！」

我一次次倒下、起身、反擊，再倒下、再起身、再反擊，清楚地感到我的體力已經快耗盡了，並且渾身都在疼。但是那種興奮感令我熱血沸騰，給了我不認輸的勇氣。

「你還可以嗎？」他問。

「可以！」我毫不猶豫地回道。我看到他也在大口大口地喘著氣，便向他衝過去。他的拳腳依舊非常有力，但在擊打我的同時，他也在不斷地後退著。我把握住他的空檔，用盡全部力氣，一拳打了出去。那一拳結結實實地打在了他的臉上，而他的拳頭也同時打在了我的臉上。

當我倒在地上的時候，我看到他也倒在我的旁邊。那一刻，我認為自己是勝利者……對戰結束以後，朋友扶著一瘸一拐的我往回走，他跟我說：「你在氣勢上不輸分毫。」

◆◆◆

如果說人生就是一場場接連不斷的戰鬥，那麼「不自量力」的還手，才是我們最好的選擇。

真正可怕的並不是比你強大的人和堅硬的拳頭，而是那些折磨人的精神攻擊。它們潛移默化地改變著你，削弱你的精神力量，使你整個人變得軟弱無力。

比如，有人會對你說：「你很差勁，哪裡都比不上別人，你就是個廢物。」、「你追求的東西毫無意義，你應該合群一點，像別人一樣去生活。」、「你不能那麼自私，要為別人負責，為別人活，大家都是這樣。」……這些傷人的話，會不斷地削弱你的精神力量，讓你變得越來越弱。

身為一個從小每天思考人生的「異類」，我曾經以為人生毫無意義：學業、工作、家庭等全部毫無意義。在我成長的過程中，父母、老師和同學大都成了我心中的敵人，因為他們總是否定我、反對我、貶低我。當時的我慢慢變得非常孤僻、冷漠，開始刻意培養一些小眾的愛好，以求獲得自我認同。

當進入社會、接觸現實世界以後，我那驕傲、脆弱的自尊心早已飽受各種負面回饋的摧殘。我成了一個絕對的失敗者，徹底地否定自己，否定自己過往的人生經歷。

物理攻擊會讓人感覺到疼痛，精神攻擊則會損耗你的心理能量，讓你喪失反擊的能力。

一個人覺得自己越來越不堪的時候，會誤把自己當作敵人，甚至不斷地自我攻擊。他會覺得，自己之所以會這麼不堪，要麼是因為做錯了事，要麼是因為自己本身就是一個沒用的人。**正是把自己當作敵人的這種想法，最終困住了自己。**

◆◆◆

記得上大學的時候，有一天晚上，天氣驟變，雷聲陣陣，馬上就要下大雨了。我那時候很喜歡淋雨，於是便逆著人潮走出校園，一個人向離學校不遠的海邊走去。

我走到海邊時，已經看不到其他人了。伴隨著雨聲和雷聲，呼嘯的海風將海水一波波推到我的腳下。我的心臟開始怦怦直跳，感到既害怕又興奮，狂風、海浪、暴雨、雷電……它們讓我感受到了一種暴力的美感。

整個天空就像一個封閉、黑暗的房間，那接連不斷的閃電就像是為我準備的一場絕美的煙花盛典。於是我不受控制地沿著海邊奔跑。

「來啊！」

那一刻，我想像在我的對面有一個強大的對手。他在朝我咆哮，試圖讓我恐懼，讓我屈服，而我感到熱血沸騰。

我不停地奔跑，直到感覺疲憊，身子開始變得沉重。雨水使我快要睜不開眼睛。「回去吧，會生病的。」、「你的身體不行了，沒力氣了。」、「快走吧，浪這麼大，太可怕了。」這些聲音不斷地在我腦海中響起，我幾乎就要妥協了。

但就在下一刻，我忽然明白，這些聲音就是那些精神攻擊的內化。每次我想去做一件事的時候，就會有人說：「你做這些都是沒有意義的，別浪費時間了。」每次我想再堅持一下的時候，就會有人說：「你不行，別做了，即使再努力也做不好。」每次我開始喜歡一個人的時候，就會有人說：「你這麼差勁，沒有人會喜歡你的，不要惹人厭了。」

於是，我一次次地放棄，一次次地失敗，一次次地退縮。而這些放棄、失敗、退縮強化了「我不行」、「我差勁」的自我認知。

在那個雨夜的海邊，當我忽然弄清楚那些負面聲音的來源後，我大聲地喊出了三個字：「我可以！」

◆◆◆

按照佛洛伊德的理論，一些人身上散發著強烈的「死之本能」，表現為求死的欲望；而一些人身上更多的則是「生之本能」，表現為求生的欲望。

死之本能代表著攻擊和破壞的力量，且分為向內和向外兩種類型：向外的表現就是征服、傷害他人，比如網路上充滿戾氣的酸民，或者一言不合就大動拳腳的社會暴徒；向內的表現就是拚命地自我攻擊、自我否定，甚至為自己的存在而感到羞恥，並不斷地嘗試自我毀滅。

充滿死之本能的人，選擇展露人性的醜惡面，並且在無力面對現實時，表現出悲觀、麻木的姿態。而充滿生本能的人所表現的卻是人性的積極面——一個人可以被命運打敗，但要做到敗而不垮。要知道，當我們在面對未知的命運時，我們的態度會決定我們的生命體驗。

人生總會經受一些痛苦，但是充滿生本能的人，其生命體驗一定正向得多，因為他們始終保持著向生活宣戰的態度。

◆◆◆

「如果所有願望都能實現，我會開心嗎？」

「如果錢財足夠多，我會開心嗎？」

「如果事業非常成功，我會開心嗎？」

「如果身體健康、生活穩定，我會開心嗎？」

我曾經常常問自己這樣的問題，那時候對於這些問題，我的回答一直都是否定的。

那麼到底是什麼促使我發生了改變呢？

在經歷了無數次現實的錘煉以後，我逐漸意識到，促使我改變的正是「戰鬥」的精神，它讓我明白了人生的意義。當我面對強大對手碾壓式的攻擊，以及一次次失敗帶來的挫敗感時，這種精神使我變得越發勇敢、強大。

我逐漸從一個敏感、脆弱、悲觀的人變成了一名堅強、樂觀的戰士。

當生活不像想像的那樣順利時，我們要學著去調整自己。如果因為一件無力改變的事而痛苦，就降低這件事在你心中的重要性；如果因為欲望得不到滿足而備受折磨，就讓你的欲望得到昇華。

當你開始為自己的幸福人生而努力時，很多人也會被你的改變感染。你會發現，身邊逐漸多了許多與你同路的人，而你也從他們身上獲得了一種持續不斷的力量，變得更加堅定、自信。

這一切會逐漸使你產生一種使命感：之所以你會經歷這些事，成為這樣的人，正是因為這個世界需要你。

讓那些悲觀且深陷痛苦的人們變得積極向上，讓那些價值觀坍塌的人們重新建立內心的秩序，讓自卑的人敢於相信自己有改變世界的可能……這就是戰鬥的力量。

優生活238

雖然是大人，有時還是想躲起來

作　者——城閔暄
副主編——朱晏瑭
封面設計——Ivy_design
內文設計——林曉涵
校　對——朱晏瑭
行銷企劃——謝儀方

總編輯——梁芳春
董事長——趙政岷
出版者——時報文化出版企業股份有限公司
一〇八〇一九臺北市和平西路三段二四〇號七樓
發行專線——(〇二)二三〇六六八四二
讀者服務專線——〇八〇〇二三一七〇五
(〇二)二三〇四七一〇三
讀者服務傳真——(〇二)二三〇四六八五八
郵撥——一九三四四七二四　時報文化出版公司
信箱——一〇八九九臺北華江橋郵局第九九信箱

時報悅讀網——www.readingtimes.com.tw
電子郵件信箱——yoho@readingtimes.com.tw
法律顧問——理律法律事務所 陳長文律師、李念祖律師
印刷——勁達印刷有限公司
初版一刷——二〇二三年十一月十七日
定價——新臺幣三六〇元
(缺頁或破損的書，請寄回更換)

時報文化出版公司成立於 1975 年，並於 1999 年股票上櫃公開發行，
於 2008 年脫離中時集團非屬旺中，以「尊重智慧與創意的文化事業」為信念。

ISBN 978-626-374-448-6　　Printed in Taiwan

雖然是大人,有時還是想躲起來/城閔暄作. -- 初版. -- 臺北市：時報文化出版企業股份有限公司, 2023.11
面；　公分

ISBN 978-626-374-527-8((平裝)
1.CST: 人生哲學 2.CST: 自我實現

191.9　　112017859